KB100536

101 NON-FICTION TEST-ORIENTED PASSAGES
WITH GUIDED SUMMARIZATION

**CEDU** 쎄듀는 A **C**omprehensive **E**nglish e**DU**cation(종합적 영어교육)의 약자입니다.

저자

**김기훈**　現 ㈜쎄듀 대표이사
　　　　現 메가스터디 영어영역 대표강사
　　　　前 서울특별시 교육청 외국어 교육정책자문위원회 위원
　　저서　천일문 〈입문편 · 기본편 · 핵심편 · 완성편〉 / 어법끝 / 문법의 골든룰 101
　　　　　첫단추 시리즈 〈독해유형편 · 듣기유형편 · 문법어법편〉 / 쎄듀 종합영어 / 절대평가 PLAN A
　　　　　구문현답 / 유형즉답 / The 리딩플레이어 / 빈칸백서 / 오답백서
　　　　　어휘끝 / 수고들: 수능날 고사장에 들고가는 단어장
　　　　　Sense Up! 모의고사 / Power Up! 모의고사
　　　　　수능실감 EBS 변형 모의고사 등

**오혜정**　쎄듀 영어교육연구센터장
　　저서　The 리딩플레이어 〈개념편〉 / 천일문 〈핵심편〉 / 빈칸백서 / 오답백서
　　　　　수능실감 EBS 변형 모의고사 / 절대평가 PLAN A 〈독해〉 등
　　디렉팅　천일문 〈입문편 · 기본편 · 완성편〉 / 어휘끝 시리즈 / 어법끝 시리즈
　　　　　첫단추 모의고사 / Sense Up! 모의고사 / Power Up! 모의고사
　　　　　쎄듀 종합영어 / 구문현답 / 유형즉답 등

**박정애**　쎄듀 영어교육연구센터 선임연구원
　　저시　천일문 〈완성편〉 / 쎄듀 종합영어 / 구문현답 / 어휘끝 5.0
　　　　　절대평가 PLAN A 〈구문어법〉 / 첫단추 〈듣기유형편〉 / Power Up! 〈듣기〉 등

**정희정**　쎄듀 영어교육연구센터 연구원
　　저서　리딩 플랫폼


**마케팅**　민혜정 · 문병철 · 전유진
**영업**　　공우진 · 문병구
**제작**　　정승호
**디자인**　윤혜영 · 이연수
**삽화**　　그림숲
**영문교열**　Eric Scheusner

# READING
# PLATFORM

101 NON-FICTION TEST-ORIENTED PASSAGES
WITH GUIDED SUMMARIZATION

# 1 / Intro

# 선생님, 학부모님께
# 드리는 글

**✳✳ 중등 영어독해 시작을 위한 논픽션 읽기에 대하여**

한때 우리는 우리 아이들의 '읽는 양'에 주로 포커스를 둔 적이 있습니다. 많이 읽으면 어휘를 많이 알게 되고 유능한 reader가 되며 이는 선순환을 일으켜 읽기를 더 즐기게 되고 더 많이 읽게 될 것이라는 생각이었지요. 그러다 차츰, '무엇을' 읽혀야 하는가에 관심이 옮아가게 되었습니다.

우선 어린 학생들에게는 영어에 친숙해지도록 하는 것이 최우선 과제이기 때문에 흔히 부담 없고 재미있는 동화나 짧은 이야기, 즉 '픽션' 위주로 읽기가 진행됩니다. 이런 글들은 흐름이 복잡하지 않고 대부분 일상생활에 관련된 쉬운 개념의 어휘들이 등장하므로 빠르고 쉽게 읽을 수 있는 장점이 있습니다. 아이들의 호기심과 창의력, 상상력을 키워주는 데에도 도움이 되지요. 문제는, 학년이 높아짐에 따라 상급 학교 진학이나 학업성취도에 직결되는 읽기로의 변화가 필요한데, 여전히 '픽션' 위주로만 읽기를 하는 경우입니다.

우리 아이들이 앞으로 가장 많이 접하고 읽어야 하는 것은 이러한 픽션류가 아닙니다. 교과서나 문제집에 등장하고 각종 시험에 출제되는 거의 대부분의 것은 유익한 정보나 지식, 교훈을 주고 나아가 사고와 통찰의 기회를 제공해주는 '논픽션'류입니다. 성인이 되어서도 접하게 되는 읽기 자료의 90% 이상이 논픽션이라는 조사가 있지요. 논픽션은 정보를 주는 모든 읽기 자료, 즉 신문기사, 뉴스, 안내문, 메뉴판, 위인전, 에세이, 일기, 보고서 등등을 모두 일컫는 말이지만, 이 중에서 특히 학생들이 중점을 두어야 할 논픽션류는 기초 학문에 속하는 비문학(e.g. 인물, 사건, 언어, 의사소통, 역사, 심리, 과학, 환경 등)류입니다.

이러한 비문학 영문은 픽션에 비해 상대적으로 흐름과 구조가 어렵고 쓰이는 어휘가 달라서, 픽션 읽기를 통해 쌓인 실력이 그대로 반영되기 힘듭니다. 서로 간에 차이가 명백히 있기 때문에, 지금까지 픽션 읽기에 치중하였다면 논픽션 읽기를 위한 체계적이고 특별한 학습이 필요합니다. 이러한 준비를 통해서 논픽션 읽기에 자신감을 얻고 읽기 경험을 늘리면 장차 학업에 도움이 되는 배경지식의 확장과 더불어, 학교 쓰기 수행 과제에 요구되는 좋은 글을 구성하는 능력을 키울 수 있습니다.

이를 위하여 본 시리즈는 다음과 같은 특장점을 가지고 구성하였습니다.

1  논픽션을 처음 접하는 아이들을 위하여, 지금까지 접한 픽션과 논픽션의 차이점부터 알기 쉽게 소개합니다.

2  세상에는 꾸며낸 이야기보다 더 놀랍고 신기한 실제 일들이 얼마든지 있을 수 있습니다. 논픽션을 대하는 초기에는 이렇게 재미나 흥미가 있는 내용을 읽을 수 있도록 하였습니다.

3  논픽션 읽기에 필수적인 기초 어휘력을 기르기 위해, 어휘에 대한 우리말 뜻을 제공하는 것 외에도 문맥 안에서 이를 이해하는 것을 돕는 구체적인 방법을 담았습니다.

4  논픽션 학습의 핵심은 무엇보다도 몇 가지 정형화된 글의 구조를 알고 글의 가장 중심이 되는 내용을 빠르고 정확하게 파악하는 것입니다. 이를 효과적으로 학습하기 위해 가장 많이 쓰이면서 단순한 구조부터 조금씩 복잡해지도록 단계적으로 구성하였습니다. 또한 모든 지문에 대한 요약 정리와 중심 내용에 대한 문제로 구성하여, 자연스럽게 글의 구조에 대한 학습이 이루어지도록 하였습니다.

이 외에도, 다양한 서술형 문제와 문법 및 어법 문제 코너를 함께 구성하여 중학교 때부터 본격화될 내신, 수험 영어에 적응할 수 있는 힘을 길러줍니다.

아이들은 원래 픽션에만 관심을 보이는 것이 아니라 과학, 자연, 실제 인물, 신기한 사건을 읽는 것도 좋아합니다. 단, 이를 영문으로 좀 더 수월하게 잘 읽을 수 있도록 하는 데는 체계적인 도움이 필요하지요. 본 시리즈를 통해, 아이들이 논픽션이 제공해주는 정보나 지식을 늘리는 동시에, 놀랍고도 신기한 흥미로운 '현실' 세계를 들여다보는 즐거움을 느끼는 좋은 기회가 되기를 바라 마지않습니다.

저자

# 이 책의 구성과 특징

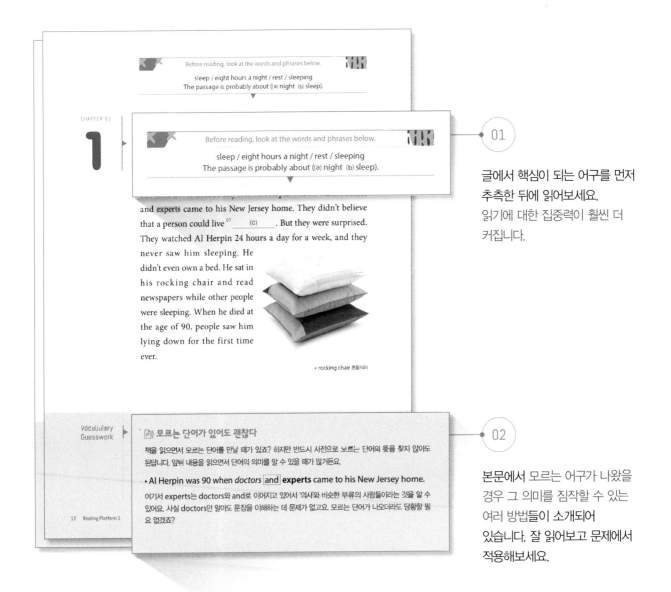

Before reading, look at the words and phrases below.

sleep / eight hours a night / rest / sleeping
The passage is probably about ((a) night  (b) sleep).

CHAPTER 01

**1**

Before reading, look at the words and phrases below.

sleep / eight hours a night / rest / sleeping
The passage is probably about ((a) night  (b) sleep).

and experts came to his New Jersey home. They didn't believe
that a person could live [07] _____ (c) . But they were surprised.
They watched Al Herpin 24 hours a day for a week, and they
never saw him sleeping. He
didn't even own a bed. He sat in
his rocking chair and read
newspapers while other people
were sleeping. When he died at
the age of 90, people saw him
lying down for the first time
ever.

* rocking chair 흔들의자

Vocabulary
Guesswork

**모르는 단어가 있어도 괜찮다**

책을 읽으면서 모르는 단어를 만날 때가 있죠? 하지만 반드시 사전으로 모르는 단어의 뜻을 찾지 않아도
된답니다. 앞뒤 내용을 읽으면서 단어의 의미를 알 수 있을 때가 많거든요.

• **Al Herpin was 90 when** *doctors* and **experts** **came to his New Jersey home.**

여기서 experts는 doctors와 and로 이어지고 있어서 '의사'와 비슷한 부류의 사람들이라는 것을 알 수
있어요. 사실 doctors만 알아도 문장을 이해하는 데 문제가 없고요, 모르는 단어가 나오더라도 당황할 필
요 없겠죠?

12   Reading Platform 1

**01**

글에서 핵심이 되는 어구를 먼저
추측한 뒤에 읽어보세요.
읽기에 대한 집중력이 훨씬 더
커집니다.

**02**

본문에서 모르는 어구가 나왔을
경우 그 의미를 짐작할 수 있는
여러 방법들이 소개되어
있습니다. 잘 읽어보고 문제에서
적용해보세요.

## Getting the BIG PICTURE

SUMMARY >   01-03   **Complete the summary by choosing the correct choice for each blank.**

> People 01 _____ some amount of sleep to live.
> ↔ However, there was a man who 02 _____ slept.
> He didn't sleep at all until he 03 _____.

03   (a) ran   (b) tried   (c) died

TOPIC >   04   **Which of the following is the best topic of the passage?**
① what happens when we don't sleep
② a man who never slept in his life
③ how to get enough sleep
④ why some people can't sleep well

## Focusing on DETAILS

내신서술형 >   05   **밑줄 친 more와 less 뒤에 의미적으로 생략되어 있는 공통된 한 단어를 영어로 쓰시오.**

Some people like to have more _____. Others don't mind having
less _____.

내신서술형 >   06   **빈칸 (a), (b)에 들어갈 단어를 아래 정의를 참고하여 한 단어로 쓰시오. (시제, 수에 주의)**

(a) _____   (b) _____

DETAIL >   07   **Which of the following best fits in the blank   (c)   ?**
① without sleeping   ② without food
③ with the noise   ④ without any help
⑤ with no one else

amount 양(量), 액수   mind+-ing 싫어하다, 신경 쓰다   matter 중요하다; 문제, 일   rest 휴
아 있다   at least 적어도   expert 전문가   even ~조차   own 소유하다   lie down 눕다

**03**

글에서 중요한 내용 흐름을 요약
한 뒤 대의 파악 문제를 풀어보는
순서로 되어 있습니다.
빈 곳을 채워나가다 보면 글의
구조와 흐름이 보이고 대의 파악
능력이 자연스럽게 길러집니다.

**04**

대의 파악 문제 외에 독해에
중요한 세부 사항이나 지칭어
파악, 그리고 내신 서술형과
주요 어휘 문제가 출제되어
있습니다.

**05**

본문을 읽으면서 모르는 어
휘는 우선 넘어가거나 최대
한 의미를 짐작해보세요.
문제를 모두 푼 뒤에는 복습
차원에서 반드시 확인하고
정리해두는 것이 좋습니다.

# Contents × ×

Chapter 01    *Amazing Facts*

Chapter 02    *Little-known Facts*

Chapter 03    *Useful Information*

# 픽션(Fiction) vs. 논픽션(Non-fiction)은 어떻게 다를까?

'동화나 이야기' 같은 픽션은 실제로 일어나지 않은 일을 꾸며서 만들어낸 것이에요.
이와 반대로, '사실 정보'를 설명하고 알려주는 글은 논픽션이라 합니다.

**01 픽션(Fiction)**

픽션의 큰 줄거리는 어떠한 등장인물에게 문제나 사건이 발생해서 이를 해결하는 과정과 결과예요. 아래 내용을 보세요.

**배경이 되는 설명** "아주 먼 옛날, 갓 태어난 아이가 있는 한 부부가 살고 있었어요."

**문제나 사건의 발생**
"마녀가 그 아이를 훔쳐 이름을 라푼젤이라 짓고 높은 탑에 가두어 버렸답니다. 라푼젤은 그곳에서 나올 수 없었고 세월이 흘러갔어요."

**등장인물이 이를 해결하는 과정**
"어느 날 이웃나라의 왕자가 라푼젤을 구하려다 마녀의 방해로 눈이 멀었어요. 하지만, 라푼젤의 눈물이 왕자의 눈에 떨어지자 시력을 찾았어요. "

**결과**
"둘은 행복하게 살았답니다."

대부분의 동화나 이야기가 이런 순서로 진행되므로
**글의 흐름을 이해하기가 쉽고 재미있답니다.**

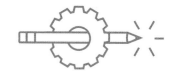

## (02) 논픽션(Non-fiction)

논픽션은 어떤 사실을 설명하거나 글쓴이의 주장을 설득시키기 위한 글을 말해요. 실제로 있거나 있었던 사람, 장소, 사물, 생각, 경험 등등에 대한 내용이지요.

반드시 그런 것은 아니지만, 대부분의 논픽션은 먼저 '무엇'에 대한 내용인지가 나오고 그 다음에 그것에 대한 '좀 더 자세한 설명'이 이어져요. 아래 예를 볼까요?

점점 더 많은 사람들이 웹툰을 즐겨 보고 있는데, 사람들이 웹툰을 보는 이유는 여러 가지가 있을 수 있다.

웹툰은 우선 재미가 있다. 무료로 볼 수 있는 것도 많은데다, 책보다 더 편리하게 볼 수 있다. 또한 ......

**무엇**  웹툰을 보는 이유

**설명**  1. 재미있다
2. 무료로 볼 수 있다
3. 책보다 편리하다
4. ......

이런 글을 읽으면 몰랐던 것에 대한 지식이 생기지요. 글쓴이가 어떤 것에 대한 자신의 생각을 설명하는 글이라면 그 사람이 왜 그렇게 생각하는지에 대해서도 알 수 있지요. **이러한 것들은 모두 앞으로 학교에서 배울 내용과 연결되는 것이 많아서 더 쉽고 재밌게 배울 수 있을 거예요. 이제, 이 책에 실린 여러 지문을 읽어보도록 합시다.**

# Quick Check

Match each word in bold with its meaning.

**1**

| | | | |
|---|---|---|---|
| 01 | amount | a. | 계속해서 살아 있다 |
| 02 | mind+-ing | b. | 양(量), 액수 |
| 03 | rest | c. | 눕다 |
| 04 | stay alive | d. | 휴식; 나머지; 쉬다 |
| 05 | at least | e. | 싫어하다, 신경 쓰다 |
| 06 | own | f. | 소유하다 |
| 07 | lie down | g. | 적어도 |

**2**

| | | | |
|---|---|---|---|
| 01 | private | a. | 피하다 |
| 02 | even if | b. | 비록 ~일지라도 |
| 03 | steal | c. | 문지르다, 비비다 |
| 04 | rub | d. | 훔치다 |
| 05 | avoid | e. | 개인적인 |

**3**

| | | | |
|---|---|---|---|
| 01 | amazing | a. | 보통의, 정상적인 |
| 02 | medical | b. | 공식적으로 |
| 03 | officially | c. | 의학의, 의료의 |
| 04 | normal | d. | 대단히, 몹시 |
| 05 | sign | e. | 놀라운 |
| 06 | unusually | f. | 기미, 징후 |

**4**

| | | | |
|---|---|---|---|
| 01 | borrow | a. | 목표 |
| 02 | instead of | b. | 깨다, 부수다 |
| 03 | aim | c. | ~ 대신에 |
| 04 | break down | d. | 일반적으로 |
| 05 | understanding | e. | 이해심 |
| 06 | friendship | f. | 빌리다 |
| 07 | normally | g. | 친목; 우정 |

**5**

| | | | |
|---|---|---|---|
| 01 | pet | a. | 채소, 야채 |
| 02 | sound | b. | 애완동물 |
| 03 | owner | c. | 주인, 소유자 |
| 04 | care for | d. | ~처럼 들리다, ~인 것 같다 |
| 05 | for one thing | e. | 한 예를 든다면 |
| 06 | vegetable | f. | (물에) 젖은 |
| 07 | feed | g. | 돌보디 |
| 08 | place | h. | 장소; 두다, 놓다 |
| 09 | wet | i. | (동물에게) 먹이를 주다 |

Chapter
01

# *Amazing Facts*

때로는 실제로 있었던 사건들이 지어낸 이야기보다 더 신기하고 재미나지요.
글에 등장하는 소재 자체는 평범할지라도,
막상 읽어보면 그 내용은 평범하지 않을 수 있답니다.
'세상에, 이런 일이!'를 떠올리게 하는 놀라운 사실들, 이제 시작해볼까요?

sleep / eight hours a night / rest / sleeping
The passage is probably about ((a) night  (b) sleep).

**CHAPTER 01**

# 1

Not everyone needs the same amount of sleep. Most people like to have about eight hours a night. Some people like to have [05] more. Others don't mind having [05] less. It doesn't [06] _____(a)_____ how many hours you sleep each night. What [06] _____(b)_____ is that you have to take some rest to stay alive. However, at least one man never needed any rest. Al Herpin was 90 when doctors and experts came to his New Jersey home. They didn't believe that a person could live [07] _____(c)_____. But they were surprised. They watched Al Herpin 24 hours a day for a week, and they never saw him sleeping. He didn't even own a bed. He sat in his rocking chair and read newspapers while other people were sleeping. When he died at the age of 90, people saw him lying down for the first time ever.

\* rocking chair 흔들의자

Vocabulary
Guesswork

📑 **모르는 단어가 있어도 괜찮다**

책을 읽으면서 모르는 단어를 만날 때가 있죠? 하지만 반드시 사전으로 모르는 단어의 뜻을 찾지 않아도 된답니다. 앞뒤 내용을 읽으면서 단어의 의미를 알 수 있을 때가 많거든요.

• Al Herpin was 90 when *doctors* and **experts** came to his New Jersey home.

여기서 experts는 doctors와 and로 이어지고 있어서 '의사와 비슷한 부류의 사람들'이라는 것을 알 수 있어요. 사실 doctors만 알아도 문장을 이해하는 데 문제가 없고요. 모르는 단어가 나오더라도 당황할 필요 없겠죠?

SUMMARY > 01-03 **Complete the summary by choosing the correct choice for each blank.**

> People 01 _____ some amount of sleep to live.
> ↔ However, there was a man who 02 _____ slept.
>   He didn't sleep at all until he 03 _____.

01  (a) want      (b) need      (c) have
02  (a) never     (b) always    (c) sometimes
03  (a) ran       (b) tried     (c) died

TOPIC > 04 **Which of the following is the best topic of the passage?**

① what happens when we don't sleep
② a man who never slept in his life
③ how to get enough sleep
④ why some people can't sleep well
⑤ the history of sleep research

## Focusing on DETAILS

내신서술형 > 05 **밑줄 친 more와 less 뒤에 의미적으로 생략되어 있는 공통된 한 단어를 영어로 쓰시오.**

Some people like to have more _____. Others don't mind having less _____.

내신서술형 > 06 **빈칸 (a), (b)에 들어갈 단어를 아래 정의를 참고하여 한 단어로 쓰시오. (시제, 수에 주의)**

> to be important

(a) _____      (b) _____

DETAIL > 07 **Which of the following best fits in the blank (c) ?**

① without sleeping           ② without food
③ with the noise             ④ without any help
⑤ with no one else

---

amount 양(量), 액수   mind+-ing 싫어하다; 신경 쓰다   matter 중요하다; 문제, 일   rest 휴식; 나머지; 쉬다 (= take a rest)   stay alive 계속해서 살아 있다   at least 적어도   expert 전문가   even ~조차   own 소유하다   lie down 눕다   for the first time 처음으로

mirror writing / wrote from right to left / wrote this way / make his writing clearer
The passage is probably about ((a) writing  (b) mirror).

CHAPTER 01

**2**

Most people know that Leonardo da Vinci was a great painter, scientist, mathematician, and musician. But [05] few / a few people know about his 'mirror writing.' In his private notebooks, da Vinci wrote from right to left. Even if you understand Italian, you have to look at the writing through a mirror to read it easily. That's why it's called mirror writing. Why did Leonardo da Vinci use mirror writing? Maybe he didn't want people to steal his private ideas. Maybe he was afraid that the Roman Catholic Church would kill him because his ideas were different from theirs. Or maybe he wrote this way to make his writing clearer! Leonardo was left-handed. But writing with ink from left to right is difficult for a 'lefty.' As the

left hand is writing, it moves and rubs against the freshly written ink. Leonardo da Vinci may have written from right to left to avoid [07] this problem.

\* Roman Catholic Church 로마 가톨릭 교회

SUMMARY > 01-03 **Complete the summary by choosing the correct choice for each blank.**

> There are **three possible reasons** why Leonardo da Vinci used mirror writing.
> → *reason 1*  to keep his 01 _____ from others
>    *reason 2*  to 02 _____ from the Church
>    *reason 3*  to prevent his ink from making the paper look
>       03 _____

01  (a) power       (b) ideas       (c) wealth
02  (a) stay safe   (b) get help    (c) hear stories
03  (a) old         (b) real        (c) dirty

TOPIC > 04  **Which of the following is the best topic of the passage?**

① how Leonardo da Vinci changed his writing style
② a fun new way to write for left-handed persons
③ the amazing inventions of Leonardo da Vinci
④ why Leonardo da Vinci used mirror writing
⑤ how to become a good mirror writer

Focusing on DETAILS

DETAIL > 05  **Choose the correct word for the context.**

(a) few                    (b) a few

DETAIL > 06  **Which of the following is mirror writing?**

(a) This is what
mirror writing
looks like!
Now you try it.

(b)
P  D  E  D  P
F  N  X  N  F
R  L  C  L  R
M  S  A  S  M
Z  B  K  B  Z

(c)

내신서술형 > 07  **밑줄 친 this problem이 의미하는 것을 우리말로 쓰시오.**

mathematician 수학자   private 개인적인   even if 비록 ~일지라도   Italian 이탈리아어   steal 훔치다   left-handed 왼손잡이의 *cf.* lefty 왼손잡이   rub 문지르다, 비비다   freshly 새로이   avoid 피하다

Before reading, look at the words and phrases below.

shorter / tall / grew / twice as tall as
The passage is probably about ((a) a person's height  (b) a person's life).

CHAPTER 01

# 3

Adam Rainer was born in Austria in 1899. He is an amazing human in medical history. When he was a young boy, he was much shorter than other boys of the same age. Even at the age of 21, he was only 118cm tall. Doctors said Adam Rainer was officially a [06] dwarf. It means a person who is much shorter than normal. But Adam suddenly started growing taller. He grew at an amazing speed throughout his twenties without any signs of stopping. By his thirty-second birthday, he was unusually tall: 218cm tall! But Adam was very sick. He had grown too much too quickly. It made his body very tired and weak. He could not even get out of bed. He stayed in bed until he died on March 4, 1950, aged 51. At the time of his death, he was 234cm tall. [07] That's twice as tall as he was at age 21. Adam Rainer is the only person in medical history who was both a dwarf and a giant.

Vocabulary Guesswork

📖 **Definition Clues**

글쓴이는 여러분이 어려워할 만한 단어의 뜻을 직접 설명해줄 때도 있어요.

• **Pantomime** *means* a type of play using only actions and not words.

Pantomime이 말없이 동작만 사용하는 연극이라고 뜻을 설명해주고 있네요. 그래서 우리는 Pantomime이 '무언극'임을 알 수 있어요.

이러한 방식으로 본문의 **dwarf**의 뜻을 생각해보세요. (→ 06. Vocabulary)

SUMMARY >  01-03  **Complete the summary by choosing the correct choice for each blank.**

> The story of Adam Rainer is <u>unique</u> in medical history.
> → He was very short at the age of 21.
>   In his twenties, he grew at a 01 _____ rate.
>   At the age of 32, he was already unbelievably 02 _____.
>   He died when he was 234cm, 03 _____.

01   (a) slow        (b) similar      (c) fast
02   (a) tall        (b) famous       (c) intelligent
03   (a) a patient   (b) a giant      (c) a boy

TITLE >  04  **Which of the following is the best title of the passage?**

① The History of Giants and Dwarfs
② What We've Learned from Adam Rainer
③ How Growth Affects the Body
④ Better to Be Big or Little?
⑤ Adam Rainer: A Dwarf and a Giant

## Focusing on DETAILS

DETAIL >  05  **Which of the following about Adam Rainer is NOT mentioned in the passage?**

① a place and a year of birth
② when he grew amazingly fast
③ what cured his disease
④ why he was sick
⑤ his height when he died

VOCABULARY >  06  **Which of the following is the definition of dwarf?**

(a) 어린이            (b) 난쟁이            (c) 거인

내신서술형 >  07  **밑줄 친 문장을 우리말로 해석하시오.**

---

amazing 놀라운    medical 의학의, 의료의    officially 공식적으로    dwarf 난쟁이    normal 보통의, 정상적인 (↔ abnormal 비정상적인)
throughout ~ 내내, ~ 동안    sign 기미, 징후    unusually 대단히, 몹시    at the time of ~의 때에    twice as ~ as …보다 두 배나 더 ~한
giant 거인

The passage is probably about ((a) a simple idea (b) the Human Library).

CHAPTER 01

Have you ever heard about the Human Library? The idea is simple. You can borrow people instead of books! The people you borrow even have stamps on their faces, just like books. The first Human Library was created in 2000 at a festival in Denmark. The aim is to break down [06] prejudices and to create understanding and friendships in society. The people you can borrow from the Human Library are those whom you might not normally meet. They include wheelchair users, the homeless, and gang members. [07] The 'book' and the borrower have 30 minutes to talk to each other. Since 2000, the Human Library has opened its doors in many countries.

Vocabulary Guesswork

📑 **Applying Context Clues**

글에 모르는 단어의 의미가 정확히 나오지 않을 수도 있어요. 하지만, 앞뒤 내용으로 모르는 단어의 의미를 짐작할 수 있을 때도 많답니다.

• Fresh air and clean water are **crucial** to our lives.

맑은 공기와 깨끗한 물은 우리의 삶에 '어떠한' 존재인가요? '꼭 필요한' 존재니까 여기서 crucial은 자연스럽게 긍정적인 의미일 것으로 추측할 수 있어요.

이런 방식으로 본문의 **prejudices**의 뜻을 생각해보세요. (→ 06. Vocabulary)

01-03 **Complete the summary by choosing the correct choice for each blank.**

> The Human Library is based on **a simple idea.**
> → It lends 01 _____.
>   It hopes to 02 _____ our attitudes for the better about people
>   we don't know.
>   It gives us a chance to talk and clear up possible 03 _____.

01 (a) people  (b) books  (c) toys
02 (a) determine  (b) change  (c) show
03 (a) friendships  (b) difficulties  (c) misunderstandings

04 **Which of the following is the best topic of the passage?**

① a library that lends unusual people
② meeting different kinds of people
③ increasing understanding among individuals
④ a way to meet people with similar interests
⑤ how libraries are changing around the world

## Focusing on DETAILS

05 **What is the purpose of the Human Library?**

① 독서 장려
② 유럽의 축제 홍보
③ 사라져가는 인간애 회복
④ 소외 계층의 아이들 지원
⑤ 사회 구성원 사이의 이해 증진

06 **Which of the two is closer in meaning to prejudices?**

(a) 긍정적  (b) 부정적

07 **Which of the following does the underlined The 'book' refer to?**

(a) the person who is borrowed
(b) a talk between the readers
(c) the Human Library's rules

---

borrow 빌리다 *cf.* lend 빌려주다  instead of ~ 대신에  stamp 도장  aim 목표  break down 깨다, 부수다  prejudice 편견
understanding 이해심  friendship 친목; 우정  normally 일반적으로  the homeless 노숙자들  gang 폭력단

The passage is probably about ((a) having a pet cockroach  (b) living with a pet).

CHAPTER 01

# 5

Do you want to have a pet? Many people want one. But if you live in a very small place or your parents don't like to have a dog or a cat, you can have a cockroach! Some people like to keep pet cockroaches. It may sound strange to you. But their owners say they are interesting and easy to care for. Don't think of the dirty cockroaches in your house. A pet cockroach is not like those ones. For one thing, a pet cockroach doesn't have wings, 05 _____ it can't fly. And it isn't dirty. But best of all is that you can 06 discipline it. For example, it will come to you when you call its name. Pet cockroaches can eat anything, like vegetables, bread, and even dog food. You only have to feed them once every three days! For water, place a wet cotton ball in a small dish. That's all!

\* cockroach 바퀴벌레

Vocabulary
Guesswork

### 📑 Example Clues

단어 바로 뒤에 예시가 이어진다면 그 예를 통해 단어의 의미를 짐작할 수도 있어요. 대개 like, such as, for example 같은 표현 뒤에 예들이 이어집니다.

• **The music will be played with string instruments,** *like the violin and guitar.*

바이올린과 기타가 예로 제시되었으니까 string instruments는 '현악기'를 의미하겠네요.
본문의 **discipline**의 뜻도 이런 식으로 생각해보세요. (→ 06. Vocabulary)

SUMMARY > 01-03 **Complete the summary by choosing the correct choice for each blank.**

> Keeping pet cockroaches is **interesting and easy**.
> → *reason* 1  Unlike regular cockroaches, they can't 01 _____.
> *reason* 2  They are much 02 _____ than you think.
> *reason* 3  They don't need special food or to eat 03 _____.

01  (a) smell   (b) fly   (c) sleep
02  (a) smaller   (b) older   (c) cleaner
03  (a) often   (b) at night   (c) healthily

TOPIC > 04 **Which of the following is the best topic of the passage?**

① the advantages of having a pet cockroach
② misunderstandings about cockroaches
③ how to turn a cockroach into a pet
④ how to choose the right pet for you
⑤ why pets are so popular these days

## Focusing on DETAILS

DETAIL > 05 **Which of the following best fits in the blank?**

① so   ② however   ③ because
④ even if   ⑤ before

VOCABULARY > 06 **Which of the following has the closest meaning to discipline?**

(a) hear   (b) train   (c) touch

pet 애완동물   sound ~처럼 들리다, ~인 것 같다   owner 주인, 소유자   care for 돌보다   for one thing 한 예를 든다면   discipline 훈련하다
vegetable 채소, 야채   feed (동물에게) 먹이를 주다   place 장소; 두다, 놓다   wet (물에) 젖은   cotton ball 솜뭉치

# ⫸ Grammar & Usage

**| 01-04 |** 다음 각 네모 안에서 어법에 맞는 표현으로 가장 적절한 것을 고르시오.

**01** Writing with ink from left to right is / are difficult for a 'lefty'.

**02** Even at the age of 21, Adam Rainer was only 118cm tall. But at the time of his death, he was 234cm tall. He is the only person in medical history who / which was both a dwarf and a giant.

**03** Some people like to keep pet cockroaches. Their owners say they are interesting / interested and easy to care for.

**04** Doctors and experts never saw Al Herpin sleep / to sleep for a week.

**| 05-08 |** 다음 밑줄 친 부분이 어법상 올바르면 ○, 어색하면 ✕로 표시하고 바르게 고치시오.

**05** As the left hand is writing, it moves and rubs against the <u>freshly</u> written ink.

**06** The first Human Library <u>was created</u> in 2000 at a festival in Denmark.

**07** When doctors and experts came to Al Herpin's New Jersey home, they didn't believe <u>which</u> a person could live without sleeping.

**08** Adam Rainer grew at an <u>amazed</u> speed throughout his twenties without any signs of stopping.

**| 09-11 |** 다음 중 빈칸에 알맞은 말을 고르시오.

**09** Some people like to have more sleep. _____ don't mind having less.

① Any　　② Another　　③ Others　　④ The others　　⑤ Other

**10** In his private notebooks, da Vinci wrote from right to left. Even if you understand Italian, you have to look at the writing through a mirror to read it _____.

① easy　　② easily　　③ easier　　④ easiest　　⑤ ease

**11** When Adam Rainer was a young boy, he was _____ shorter than other boys of the same age.

① more　　② much　　③ very　　④ so　　⑤ pretty

# Real
# ENGLISH

약은 약사에게, 진찰은 의사에게!

## May Cause Drowsiness
**졸음을 유발할 수도 있습니다.**

약에는 통증을 줄이기 위해 수면제(sleeping drug)이 첨가되기도 하는데요. 시험기간에 감기에 걸려 약을 먹어야 한다면, 이러한 주의사항(caution)이 있는지 잘 확인하세요.

# Quick Check

Match each word in bold with its meaning.

**1**

| | | | |
|---|---|---|---|
| 01 | blind | a. | ~에 집중하다 |
| 02 | lead A to B | b. | 강한 |
| 03 | serious | c. | 눈이 먼, 맹인인 |
| 04 | purpose | d. | A를 B로 안내하다, 이끌다 |
| 05 | sense | e. | 감각 |
| 06 | powerful | f. | 목적 |
| 07 | focus on | g. | 진지한; 심각한; 진심인 |
| 08 | dish | h. | 음식, 요리 |

**2**

| | | | |
|---|---|---|---|
| 01 | fight | a. | A를 B로 간주하다 |
| 02 | be related to A | b. | 싸우다, 싸움; 권투를 하다 |
| 03 | violent | c. | A와 관계가 있다 |
| 04 | come from | d. | 제공하다 |
| 05 | think of A as B | e. | ~에서 생겨나다, ~의 출신이다 |
| 06 | offer | f. | 격렬한, 폭력적인 |

**3**

| | | | |
|---|---|---|---|
| 01 | blink | a. | 지루함을 느끼는 |
| 02 | state | b. | 이르다, 도달하다 |
| 03 | bored | c. | 휴식을 취하다, 쉬다 |
| 04 | reach | d. | 장면 |
| 05 | scene | e. | 눈을 깜박이다; 깜박임 |
| 06 | take a break | f. | 상태; 국가; (미국의) 주 |

**4**

| | | | |
|---|---|---|---|
| 01 | laughter | a. | 사교상의; 사회의 |
| 02 | share | b. | 문장 |
| 03 | social | c. | 공유하다 |
| 04 | ordinary | d. | 일상적인; 평범한 |
| 05 | sentence | e. | 웃음 |
| 06 | separate | f. | 구분하다, 분리하다 |

**5**

| | | | |
|---|---|---|---|
| 01 | blow | a. | 무리, 군중 |
| 02 | bubble | b. | 크게 소리치다 |
| 03 | bottom | c. | (입으로) 불다; (바람이) 불다 |
| 04 | let A out of B | d. | 공기 방울, 거품 |
| 05 | crowd | e. | 엉덩이; 맨 아래; 바닥 |
| 06 | call out | f. | A를 B로부터 내보내다 |

Chapter
02

# *Little-known Facts*

**What to Read**

1 Dinners in the Dark

2 What Is Boxing Day?

3 Open Your Eyes

4 Interesting Facts about Laughter

5 Farting Fish

우리말로 읽으면 이미 알고 있는 뻔한 이야기도
영어로 읽으면 또 다른 즐거움을 줄 수 있지요.
하지만, 영어를 배우는 입장에서는
영어로 된 글을 통해 자신이 몰랐던 내용을 알게 되는 것이 더 좋답니다.
새로운 내용을 영어로 많이 접할수록 독해에 대한 두려움도 없어지고
더 흥미를 느낄 수 있어요.

The passage is probably about ((a) restaurant customers  (b) a dark restaurant).

CHAPTER 02

1

In 1999, a blind man named Jorge Spielmann opened a restaurant in Switzerland called *The Blind Cow*. The restaurant is completely dark inside, and its waiters are blind. Customers are led to their tables in total darkness. Waiters wear bells on their feet so you can hear them coming. Only the toilets in the restaurant have lights. [06] The idea has a serious purpose — to give blind people work, and at the same time to teach sighted

people what it is like to be blind. Spielmann said "We hope the restaurant will serve as a bridge between blind people and sighted people." Try eating in the dark with a friend. It can make all your other senses feel more powerful. And you can focus only on the [07] _____ of the dish!

---

Vocabulary Guesswork

📝 **Core Meaning of the Words**

serve를 사전에서 찾아보면 여러 가지 뜻이 나와요.

**serve** 1. (음식을) 상에 차려주다; (상품 등을) 제공하다
2. 일하다, (군대에서) 복무하다; (테니스 등에서) 서브를 넣다
→ 도움이 되다; 역할을 하다

이 많은 뜻을 무조건 외우고 있지는 않나요? 여러분도 알겠지만, 모든 뜻을 외우기는 쉽지 않아요. 하지만 단어의 기본 의미만 알아두고 의미를 넓히면 뜻을 훨씬 쉽게 기억할 수 있답니다.

serve에는 '주다, 일하다'라는 기본 의미가 있어요. 그런데 다른 사람에게 무언가를 주는 건 그 사람을 돕는다는 뜻이기도 하고, 일한다는 건 어떤 역할을 한다는 뜻이기도 해요. 그래서 serve를 '도움이 되다, 역할을 하다'와 같은 의미로도 이해할 수 있는 거죠. 윗글에서도 serve는 '(~로서) 역할을 하다'란 의미로 쓰였어요.

SUMMARY >     01-04     **Complete the summary by choosing the correct choice for each blank.**

> There is **a restaurant** in Switzerland called *The Blind Cow*.
> → There is no 01 _____ inside.
>   Its waiters are 02 _____.
>   It provides 03 _____ for blind people.
>   It gives sighted people a chance to 04 _____ the world of the blind.

01     (a) customer      (b) light          (c) furniture
02     (a) blind         (b) unavailable    (c) helpful
03     (a) dishes        (b) seating        (c) jobs
04     (a) show          (b) understand     (c) save

TOPIC >     05     **Which of the following is the best topic of the passage?**

① a better way to fully enjoy your food
② a restaurant where people can experience blindness
③ what it's like to be blind
④ the struggles faced by blind people
⑤ one blind man's great idea

## Focusing on DETAILS

REFERENCE >     06     **Which of the following does the underlined The idea refer to?**

① wearing bells on the feet
② eating in total silence
③ running a restaurant for the blind
④ opening a restaurant completely dark inside
⑤ paying more attention to your food

DETAIL >     07     **Which of the following best fits in the blank?**

① price          ② taste          ③ size
④ style          ⑤ name

---

blind 눈이 먼, 맹인인   completely 완전히   customer 손님, 고객   lead ((과거·과거분사형 led)) A to B A를 B로 안내하다, 이끌다   total 완전한
toilet 화장실   serious 진지한; 심각한; 진심인   purpose 목적   at the same time 동시에   sighted 눈이 보이는   serve as ~의 역할을 하다
sense 감각   powerful 강한   focus on ~에 집중하다   taste 맛 (= flavor)   dish 음식, 요리   [선택지 어휘] unavailable 손에 넣을 수 없는, 이용
할 수 없는   in silence 조용히, 침묵하여   run 운영하다   pay attention to A A에 주의를 기울이다

The passage is probably about ((a) a public holiday  (b) boxing).

CHAPTER 02

# 2

In the United Kingdom, Australia, and Canada, December 26 is a public holiday. It's called 'Boxing Day.' Is that because [04] it's a day for people to fight like boxers? [05] _____, Boxing Day isn't related to the violent sport of boxing at all. Nobody knows exactly how the day after Christmas became known as Boxing Day. Some say that it comes from giving the money from church poor boxes to poor people on December 26. In England, rich people traditionally gave their servants boxes of gifts on December 26. This could be a possible reason why we got the name 'Boxing Day.' These days, most people think of it as a day for shopping because department stores offer their biggest [06] bargains of the year on Boxing Day.

\* poor box (교회의) 자선 모금함

Vocabulary Guesswork

📑 **Applying Context Clues**

긴 문장에 모르는 단어가 있어도 마찬가지예요. 문장의 앞뒤 내용을 정확히 파악하면 어려운 단어의 뜻을 짐작할 수 있는 경우가 많습니다.

• The British Empire **dominated** the world for centuries, controlling many other countries, including Canada, Australia, New Zealand, and South Africa.

dominated의 목적어(the world)와 controlling의 목적어(many other countries)가 비슷하네요. 그러므로 dominated는 controlled와 비슷한 의미로 쓰였음을 알 수 있어요. 실제로 dominate는 '~을 통제하다, 지배하다'라는 의미예요.

본문의 **bargains**도 이러한 방식으로 뜻을 예측해보세요. (→ 06. Vocabulary)

SUMMARY > 01-02 **Complete the summary by choosing the correct choice for each blank.**

> December 26 is **a public holiday** called Boxing Day in some countries.
> → It is not 01 _____ in any way to the sport of boxing.
> The name probably comes from 02 _____ regarding that day.

01 (a) necessary    (b) connected    (c) limited
02 (a) hopes        (b) fights       (c) traditions

TITLE > 03 **Which of the following is the best title of the passage?**

① Origins of the Sport, Boxing
② Famous Holidays in the World
③ Christmas Traditions of the World
④ Where Does Boxing Day Come from?
⑤ Various Kinds of Boxing Day Activities

Focusing on DETAILS

REFERENCE > 04 **What does the underlined it refer to?**

(a) to fight like boxers      (b) Boxing Day

DETAIL > 05 **Which of the following best fits in the blank?**

① Besides            ② Actually           ③ Therefore
④ For example        ⑤ Similarly

VOCABULARY > 06 **Complete the sentence by choosing the correct word.**

A bargain is something you buy at a ((a) cheaper  (b) more expensive) than usual price.

---

the United Kingdom 영국   Australia 호주   public holiday 공휴일   fight 싸우다, 싸움; 권투를 하다   boxer 권투선수   cf. boxing 권투   not ~ at all 전혀 ~ 아닌   be related to A A와 관계가 있다   violent 격렬한, 폭력적인   come from ~에서 생겨나다, ~의 출신이다   traditionally 전통적으로   cf. tradition 전통   servant 하인   think of A as B A를 B로 간주하다 (= regard[look upon] A as B, consider A (as) B)   department store 백화점   offer 제공하다   bargain (가격이) 싼 물건, 특가품   [선택지 어휘] origin 기원, 유래   besides 게다가   actually 사실은; 실제로, 정말로   similarly 유사하게; 마찬가지로

CHAPTER 02

# 3

Close your eyes and open them again quickly. You just [07] blinked. You blink all the time without thinking about it. Babies blink just once every two minutes. Teenagers blink about 15 times a minute. That's 900 blinks an hour! Your state of mind has an effect on blinking. You blink more when you are bored. You blink even more when you are talking. You blink less when you are reading or watching something interesting. When you reach the end of a page or scene, you probably blink. That's when your brain takes a short break. Now, watch your friends closely. When do they blink most? Is it when they are talking, or when they are studying?

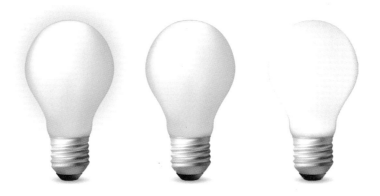

Vocabulary
Guesswork

### 📑 Applying Context Clues

단어의 뜻이 직접 글에 나올 때는 흔히 "A means B" "A is B"와 같은 표현이 쓰여요. 하지만 이런 표현 없이도 단어의 의미는 다양한 방법으로 나올 수 있어요.

• I'm interested in studying animals. So I wonder what it's like to be a **zoologist**.

동물을 연구하는 데 흥미가 있어서 zoologist가 된다는 것이 어떨지 궁금하다고 말하고 있어요. 그러니까 zoologist는 동물을 연구하는 사람, 즉 '동물학자'라는 뜻이겠네요!

본문의 **blinked**의 뜻도 어디에 있는지 찾아보세요. (→ 07. Vocabulary)

SUMMARY > 01-04 **Complete the summary by choosing the correct choice for each blank.**

We all blink all the time without 01 _____.
Babies blink 02 _____ than teenagers.
We blink 03 _____ when we are bored or talking.
We blink 04 _____ when we are focusing on something.
We blink when our brain stops for a rest.

01 (a) noticing    (b) resting    (c) practicing
02 (a) less    (b) more
03 (a) less    (b) more
04 (a) less    (b) more

SYNTHESIS > 05 **Choose the words that best fit in blanks (A) and (B).**

We all blink but the amount of blinking may _____(A)_____ .

It depends on our age, feelings, and _____(B)_____ .

|     | (A) | (B) |
| --- | --- | --- |
| ① | increase | mood |
| ② | vary | brain activity |
| ③ | change | personality |
| ④ | double | duties |
| ⑤ | decrease | health |

Focusing on DETAILS

DETAIL > 06 본문에 바탕을 두고 눈을 가장 적게 깜박이는 순서대로 번호를 쓰시오.

(a)     (b)     (c)

VOCABULARY > 07 본문에서 **blinked**의 뜻이 포함되어 있는 문장의 첫 한 단어를 찾아 쓰시오.

---

blink 눈을 깜박이다; 깜박임    all the time 항상    once 한번    every ~마다    state 상태; 국가; (미국의) 주(州)    have an effect on ~에 영향을 주다
bored 지루함을 느끼는 *cf.* boring 지루함을 느끼게 하는    reach 이르다. 도달하다    scene 장면    probably 아마도    take a break 휴식을 취하다.
쉬다    closely 자세히; 가까이

CHAPTER 02

How much do you know about laughter? First of all, we all share a basic laughing pattern, the 'ha-ha-ha' sound. The first 'ha's are the loudest and they get softer as we run out of breath. And laughter is a strongly social thing, so we normally think that most laughter is caused by jokes. In fact, laughing happens most during ordinary conversations, and speakers tend to laugh more than their listeners do. [05] _____, laughter usually comes at the end of sentences. People use laughing like [06] punctuation marks — like a period or a question mark at the end of a sentence. Or it can be like a comma or a dash, to separate ideas and make some ideas clearer.

Vocabulary Guesswork

### 📄 Example Clues

Chapter 01에서 예시를 통해 모르는 단어의 의미를 알아낼 수 있다고 했죠? 하지만 예시를 보고 바로 단어의 의미가 떠오르지 않을 수도 있어요. 그럴 때는 예들의 '특징'을 생각해 보면 모르는 단어의 의미를 더욱 쉽게 알 수 있답니다.

- **Acid** fruits, like lemons, limes, and grapefruit, should not be given to children under 14 month.

레몬, 라임, 자몽과 같은 과일은 모두 '맛이 시다'는 특징이 있으니까 Acid는 '신맛이 나는'이라는 의미라고 짐작할 수 있는 거죠.
본문의 **punctuation marks**도 이러한 방식으로 뜻을 생각해보세요. (→ 06. Vocabulary)

SUMMARY >    01-03    **Complete the summary by choosing the correct choice for each blank.**

**some facts** about laughter

→ *fact* 1. The later 'ha's are 01 _____ than the earlier ones.

*fact* 2. Laughing mostly happens during 02 _____ .

*fact* 3. Speakers laugh more.

*fact* 4. Laughter can be found at the 03 _____ of sentences.

01    (a) stronger          (b) weaker

02    (a) conversations     (b) jokes

03    (a) beginning         (b) end

TOPIC >    .04    **Which of the following is the best topic of the passage?**

① why laughing sounds like 'ha ha'

② how to make someone laugh

③ some unfamiliar facts about laughter

④ the reasons that we laugh

⑤ the grammar of laughter

## Focusing on DETAILS

DETAIL >    05    **Which of the following best fits in the blank?**

① For example        ② As a result        ③ Also

④ In short           ⑤ However

VOCABULARY >    06    **Which of the following is the definition of punctuation marks?**

(a) 암호             (b) 문장부호          (c) 발음기호

---

laughter 웃음   share 공유하다   run out of 다 써버리다, 소진하다   social 사교상의; 사회의   normally 보통, 정상적으로   cause ∼의 원인이 되다,
일으키다   ordinary 일상적인; 평범한   tend to+**동사원형** ∼하는 경향이 있다   sentence 문장   punctuation mark 문장부호   period 마침표
separate 구분하다, 분리하다   **[선택지 어휘]** as a result 그 결과   in short 요약하면, 요건대

The passage is probably about ((a) a strange behavior of fish  (b) food for fish).

CHAPTER 02

# 5

Something strange happens at night among groups of fish called herring. As it gets dark, herrings start blowing bubbles out of their bottoms. Why? Are they farting? Biologist Ben Wilson started looking for some answers. Wilson took 24-hour video recordings of groups of herrings and [05] discovered their secret. They let gas out of their bottoms much more often at night than they do in daytime. And one herring left alone in a tank doesn't let out any gas at all. Also, the bigger the group, the more each herring farts. ( ① ) Wilson believes that this kind of 'farting' behavior helps the herring to find each other in the dark. ( ② ) How would you find a friend in a crowd in the dark? ( ③ ) You would call out and wait for your friend to answer you. ( ④ ) That's why Wilson believes that for a herring, a 'fart' is both the question, "Where are you?", and the answer. ( ⑤ ) Clearly, blowing noisy bubbles helps herrings [07] _____ friends and family.

\* herring ((어류)) 청어  \*\*fart 방귀(를 뀌다)

Vocabulary
Guesswork

📝 **의미를 반대로 만드는 접두사 dis-**

단어 앞에 **dis-**란 접두사가 붙으면 그 단어와 '반대'되는 말이 되는 경우가 많아요.

• **like** (좋아하다) ↔ **dislike** (싫어하다)

예문의 도움을 받아 본문의 **discover**를 비롯한 다른 단어들의 뜻도 짐작해보세요. (→ 05. Vocabulary)

SUMMARY >   01-03   **Complete the summary by choosing the correct choice for each blank.**

> Herrings **do something** 01 _____ at night.
> = They blow bubbles out of their bottoms.
> They don't usually do that in the daytime or 02 _____ .
> *possible reason*: This helps them 03 _____ each other when they
> can't see.

01   (a) usual       (b) strange      (c) scary
02   (a) alone       (b) in a group   (c) in silence
03   (a) to know     (b) to trust     (c) to find

TOPIC >   04   **Which of the following is the best topic of the passage?**

① difficulties of studying the habits of fish
② how herrings can distinguish their group
③ why fish travel in groups especially at night
④ herrings' strange behavior and its reason
⑤ how herrings are able to blow bubbles underwater

## Focusing on DETAILS

VOCABULARY >   05   **다음 문장의 빈칸에 알맞은 단어를 |보기|에서 골라 쓰시오.**

| 보기 |
| discover      disagree      disappear |

(a) Brazil's rainforests are fast _____ing because of human activity.
(b) We may _____ on politics, but we have a lot of fun together.
(c) Scientists are working to _____ a cure for the disease.

DETAIL >   06   **( ① )~( ⑤ ) 중에서 다음 문장이 들어갈 곳으로 알맞은 것은?**

> But fish can't talk.

DETAIL >   07   **Which of the following best fits in the blank?**

① take charge of       ② take the place of       ③ put up with
④ keep in touch with    ⑤ play a joke on

---

blow (입으로) 불다; (바람이) 불다   bubble 공기 방울, 거품   bottom 엉덩이; 맨 아래; 바닥   biologist 생물학자   let A out of B A를 B로부터 내보내다   daytime 낮, 주간   tank 수조, 어항   crowd 무리, 군중   call out 크게 소리치다   [선택지 어휘] scary 무서운   disagree 의견이 다르다   take charge of 돌보다   take the place of 대신하다   put up with 참다, 인내하다   keep in touch with ~와 접촉하다, 연락을 취하다   play a joke on 놀리다

# Grammar & Usage

| 01-05 | 다음 각 네모 안에서 어법에 맞는 표현으로 가장 적절한 것을 고르시오.

**01** In 1999, a blind man naming / named Jorge Spielmann opened a restaurant in Switzerland.

**02** Eating in the dark can make all your other senses feel / to feel more powerful.

**03** Nobody knows exactly how the day after Christmas became known as / to Boxing Day.

**04** Laughing can be like a comma or a dash, separate / to separate ideas and make some ideas clearer.

**05** In England, rich people traditionally gave their servants boxes of gifts on December 26. This could be a possible reason how / why we got the name 'Boxing Day.'

| 06-08 | 다음 밑줄 친 부분이 어법상 올바르면 ○, 어색하면 ×로 표시하고 바르게 고치시오.

**06** In the restaurant, *The Blind Cow*, customers <u>lead</u> to their tables in total darkness.

**07** Some say that Boxing Day comes from <u>give</u> the money from church poor boxes to poor people on December 26.

**08** In total darkness, waiters wear bells on their feet so you can hear them <u>coming</u>.

| 09-10 | 다음 빈칸에 공통으로 들어갈 단어를 고르시오.

**09**

- Speakers tend to laugh more than their listeners _____.
- Herrings let gas out of their bottoms much more often at night than they _____ in daytime.

① do ② does ③ are ④ have ⑤ has

**10**

- Teenagers blink about 15 times a minute. _____ is 900 blinks an hour!
- Laughter is a strongly social thing, so we normally think _____ most laughter is caused by jokes.

① It[it] ② That[that] ③ This[this] ④ These[these] ⑤ Those[those]

# *Real* ENGLISH

## 외식은 즐거워!

### Customer Receipt
**계산서**

식당에서 밥을 먹을 때 이런 계산서를 받습니다.
receipt는 '영수증'이란 뜻이에요.
가게에서 물건을 사고 환불(refund)을 받고
싶을 때 꼭 영수증을 챙겨 가야 해요.

| CUSTOMER RECEIPT | | | | 039876 CHECK NUMBER |
|---|---|---|---|---|
| DATE | SERVER | PERSONS GRATUITY | TAX | TOTAL |
| | | | | |

## It's Our Pleasure to Serve You

| DATE | SERVER | PERSONS | GRATUITY | CHECK No. |
|---|---|---|---|---|
| | | TABLE NO. | | 039876 |

| 1 | | |
|---|---|---|
| 2 | | |
| 3 | | |
| 4 | | |
| 5 | | |
| 6 | | |
| 7 | | |
| 8 | | |
| 9 | | |
| 10 | | |
| 11 | | |
| 12 | | |
| 13 | | |
| 14 | | |
| 15 | | |
| 16 | | |
| 17 | | |
| 18 | | |
| 19 | | |
| 20 | | |

### It's Our Pleasure to
**~해서 기쁩니다.**

pleasure란 '기쁨'이란 뜻이에요.
당신이 주군가의 부탁을 들어주어
그 사람이 고맙다고 말했을 때,
'It's my pleasure'라고 말할 수
있습니다.

### Tax
**세금**

세금에는 여러 종류가 있는데요.
부가세, 봉사료 등
각 식당의 특징에 맞게 세금이 부가됩니다.
저렴하게 식사를 하고 싶다면,
부가세를 내야 하는 식당인지
꼭 확인하세요.

# Quick Check

Match each word in bold with its meaning.

**1**

| | | | |
|---|---|---|---|
| 01 | purse | a. | 자금, 기금 |
| 02 | change | b. | 운동화 |
| 03 | sneakers | c. | 잔돈, 거스름 |
| 04 | investment | d. | 용기, 그릇 |
| 05 | fund | e. | 지갑, 핸드백 |
| 06 | spare | f. | 투자 |
| 07 | container | g. | 여분의 |

**2**

| | | | |
|---|---|---|---|
| 01 | pleasant | a. | 두려운 |
| 02 | thoughtful | b. | 예의 바른 |
| 03 | manners | c. | 상냥한 |
| 04 | frightened | d. | 사려 깊은 |
| 05 | suggestion | e. | 제안 |
| 06 | polite | f. | 예의; 관습 |

**3**

| | | | |
|---|---|---|---|
| 01 | prefer A to B | a. | B이기보다는 오히려 A |
| 02 | throw away | b. | 그 답례로 |
| 03 | explore | c. | 신경 쓰다 |
| 04 | care about | d. | 탐험하다 |
| 05 | A rather than B | e. | 버리다 |
| 06 | in return | f. | B보다 A를 더 좋아하다 |

**4**

| | | | |
|---|---|---|---|
| 01 | situation | a. | 별도의; 여분의 |
| 02 | clear | b. | 맑게 하다 |
| 03 | relax | c. | (수를) 세다; 중요하다 |
| 04 | count | d. | 심호흡하다 |
| 05 | extra | e. | 상황 |
| 06 | take a deep breath | f. | 쉬게 하다, 긴장을 풀다; 휴식을 취하다 |
| 07 | calm down | g. | 소리 내어; 큰 소리로 |
| 08 | aloud | h. | 가라앉히다 |

**5**

| | | | |
|---|---|---|---|
| 01 | adjust | a. | 표면, 겉면 |
| 02 | hang | b. | 걸다, 매달다 |
| 03 | bend | c. | 아래의; 낮추다 |
| 04 | rest on | d. | 구부리다 |
| 05 | lower | e. | ~에 얹혀 있다, 기대다 |
| 06 | surface | f. | 조정[조절]하다 |

Chapter

03

# *Useful Information*

여러분들이 앞으로 많이 접하게 되는 교과서나 입시 영어의 내용은
학생들에게 직간접적으로 도움이 되는 유용한 정보를 담고 있는 경우가 많아요.
이러한 정보들은 바로 실생활에 활용을 해볼 수 있어 매우 유익하답니다.

pocket money / fund / spare cash / extra change / the small money / investment
The passage is probably about ((a) giving change (b) saving pocket money).

CHAPTER 03

# 1

So, ⓐ your pocket money isn't enough to buy a cool pair of sneakers? Well, here's a good idea. Create your own 'treat fund.' It is ⓑ spare cash for special treats like a high-tech multi-player, a ticket to see your favorite band, or a ticket to a big soccer game! Just collect all ⓒ the extra [07] change from your pockets. Then keep adding it to a container every night and watch ⓓ the small money grow. As it grows, you can think about all the fun things you will do with it. Do not take out even 10 won until the container is filled to the top. A treat fund is great because it teaches you how to save money. You enjoy watching ⓔ your little investment grow up into a big fund. You have no bad feelings about spending that money to buy an expensive thing. And when your pocket or purse is heavy with many coins, you feel happy. Sounds like a win-win situation to me.

\* treat 만족을 주는 것  \*\* win-win 모두가 득을 보는

Vocabulary
Guesswork

📄 **Restatement**

영어는 똑같은 단어를 반복해서 사용하지 않으려고 하는 특징이 있어요. 그래서 앞에 나온 단어를 의미는 같지만 다른 말로 바꿔서 표현하는 경우가 많답니다.

• He ran to the store. She **dashed** there, too.
  =

• He looked as if he had lost his friend. She looked **sad**, too.
  =

본문에서도 이러한 표현들이 보이는데, 문제를 통해 연습해보세요. (→ 06. Reference)

SUMMARY > 01-03 **Complete the summary by choosing the correct choice for each blank.**

A 'treat fund' is a clever idea.
→ *reason 1* It teaches us how to 01 _____ our pocket money.
  *reason 2* It's 02 _____ to watch the container getting full of money.
  *reason 3* We can spend the money on 03 _____ for ourselves.

01 (a) save    (b) spend    (c) get
02 (a) impossible    (b) boring    (c) fun
03 (a) necessary things    (b) special treats

PROVERB > 04 **Which of the following is most related to the passage?**

① Easier said than done.
② No news is good news.
③ Many drops make a shower.
④ There is no place like home.
⑤ A sound mind in a sound body.

Focusing on DETAILS

DETAIL > 05 **What are the purposes of a treat fund? Choose all that apply.**

① 경제적 독립을 하는 것    ② 어려운 이웃을 돕는 것
③ 평소에 원하던 것을 사는 것    ④ 저축하는 방법을 알게 되는 것
⑤ 소비를 줄여 절약하는 것

REFERENCE > 06 **Which of the following is a different one among the underlined ⓐ~ⓔ?**

① ⓐ    ② ⓑ    ③ ⓒ    ④ ⓓ    ⑤ ⓔ

VOCABULARY > 07 **Which of the following has the same meaning as change in the paragraph?**

(a) The clerk gave me twenty cents in change.
(b) The weather in London can change very quickly.

---

pocket money 용돈    sneakers 운동화    fund 자금, 기금    spare 예비의, 여분의 (= extra)    high-tech 최신의, 첨단 기술의    extra 여분의, 남는
change 잔돈, 거스름돈    container 저금통, 용기, 그릇    investment 투자    purse 지갑, 핸드백

The passage is probably about ((a) a life stage  (b) a first date).

CHAPTER 03

# 2

Going on your first date? This is a sign that you are moving into a new stage of your life. You might feel a little frightened. But don't worry! Here are a few useful suggestions to make it great. First, forget about choosing a [06] fancy restaurant, a good-looking hair style, or beautiful clothes. Instead, eat spaghetti at a busy family restaurant or go to the movies or a noraebang. Just think that you are with your friends! Both of you will feel much more comfortable. Second, don't try to act too cool or older than you are. Everyone likes someone who has pleasant manners, is polite, and arrives on time. Show that you are caring and thoughtful by trying to listen more than you speak. Last, keep the date short. It will leave you both with the feeling that you want to see more of each other!

Vocahulary
Guesswork

📄 바로 옆 단어로 의미를 짐작하라

• **They made sure their guests were *comfortable, warm* and cozy.**

comfortable, warm과 and로 연결되었으므로 cozy 또한 긍정적인 뜻이라고 짐작할 수 있어요. (그들은 손님들이 반드시 편안하고 따뜻하고 아늑하도록 했다.)

이러한 방식으로 글에 나온 **fancy**의 뜻을 생각해보세요. (→ 06. Vocabulary)

하지만 우리는 단어를 이해하려고 글을 읽는 건 아니에요. 글쓴이가 하고 싶은 말이 무엇인지 이해하는 것이 가장 중요하죠. 그래서 내용을 이해하는 데 그리 중요하지 않은 단어가 여러 개 있을 때는 하나만 이해하고 넘어가도 괜찮답니다.

SUMMARY >    01-03    **Complete the summary by choosing the correct choice for each blank.**

There are **some useful things** to keep in mind when planning your first date.
→ Do things just as you would do 01 _____.
   Be polite and punctual, and show you care by 02 _____ your partner.
   Do not plan for a 03 _____.

01    (a) for your family        (b) with your friends      (c) in your class
02    (a) listening to           (b) going with             (c) saying hello to
03    (a) successful first date  (b) next date              (c) long first date

TOPIC >    04    **Which of the following is the best topic of the passage?**
① common dating mistakes
② preparing for a first date
③ the right time to start a relationship
④ activities that build friendship
⑤ finding the right partner

## Focusing on DETAILS

DETAIL >    05    **Which of the following does the writer's advice refer to for the first date? Choose all that apply.**
① 자신이 돋보이는 옷을 선택해라.
② 친구들과 할 수 없는 일을 해라.
③ 특별한 추억을 만들어라.
④ 약속 시간을 지켜라.
⑤ 만남의 아쉬움을 남겨라.

VOCABULARY >    06    **Which of the following has the closest meaning to fancy?**
(a) nearby              (b) cheap              (c) fine

sign 신호   stage 단계; 무대   frightened 두려운   suggestion 제안   fancy 고급스러운, 화려한   comfortable 편안한   cool ((구어)) 멋있는   pleasant 상냥한   manners 예의; 관습   polite 예의 바른 (→ impolite 무례한)   on time 제시간에, 정각에 cf. in time 늦지 않게; 결국   caring 친절한   thoughtful 사려 깊은

CHAPTER 03

# 3

Have you ever heard of a 'house [06] swap'? When you 'swap' something, you give it to somebody else who wants it. In return, that person gives you something that you want. If you and I 'swap' houses, this is what we do: [07] _____.

It's a great idea for vacations, because you don't pay anything for a place to stay. You can swap houses for a weekend. You can swap for a year! Cars can be included in the house swap, too. Some people worry that their houses aren't good enough to swap. But people don't care about size or luxury. They just want to explore new places and enjoy their vacations. They prefer real homes to hotel rooms because they like to live as normal people rather than as tourists. So, you don't need to worry about how big or how lovely your house is.

---

Vocabulary Guesswork

### 📄 Applying Definition Clues

어려운 단어의 의미가 다음 문장에서 설명되는 경우도 있답니다.

- Junna's family is a **nuclear family**. She lives with her parents but doesn't live with her grandparents.

조부모님이 아니라 부모님과 같이 산다고 했으니까 nuclear family란 '핵가족'을 뜻해요.
본문의 **swap**도 이런 방식으로 뜻을 생각해보세요. (→ 06. Vocabulary)

SUMMARY > 01-03 **Complete the summary by choosing the correct choice for each blank.**

> Swapping houses can be **a great idea** for vacations.
> → 1. It doesn't 01 _____ you at all.
> 2. There is 02 _____ for how long a house swap should last.
> 3. People 03 _____ size or luxury when swapping houses.

01    (a) cost        (b) bother        (c) help
02    (a) a rule       (b) a time limit       (c) no set period
03    (a) can discuss      (b) don't care about      (c) hope for

TITLE > 04 **Which of the following is the best title of the passage?**

① How to Get a Great Deal on a Home
② Houses vs. Hotel Rooms — A Clear Choice
③ The Key to Swapping: Advertise!
④ Be Proud of Your Home, No Matter Its Size!
⑤ A Great Idea for Vacation Housing

## Focusing on DETAILS

DETAIL > 05 **Which of the following about a house swap are NOT mentioned in the passage? Choose all that apply.**

① 저렴한 가격에 이용할 수 있다.
② 장기 체류자만 이용할 수 있다.
③ 자동차를 포함하는 경우도 있다.
④ 집 크기에 상관없이 누구든 참여할 수 있다.
⑤ 주로 여행경비가 부족한 사람들이 이용한다.

VOCABULARY > 06 **Which of the following has the closest meaning to swap?**

(a) show             (b) exchange            (c) throw away

내신서술형 > 07 **문맥상 빈칸에 알맞은 말이 되도록 주어진 어구를 모두 포함하여 영어로 쓰시오. (중복 사용 가능)**

> while, you, in my house, stay, I, in yours

---

swap 교환; 교환하다 (= exchange)    in return 그 답례로    pay A for B B에 대한 값으로 A를 지불하다    care about 신경 쓰다    luxury 고급품 explore 탐험하다    prefer A to B B보다 A를 더 좋아하다    A rather than B B이기보다는 오히려 A    tourist 관광객    [선택지 어휘] throw away 버리다

count aloud / angry / calm down / take a deep breath / relax / breathe out / relaxing
The passage is probably about ((a) how to calm down  (b) what makes us angry).

CHAPTER 03

When I was little, my father used to count aloud to ten when he was angry with my sister and me. It helped him to calm down. I've added an extra part to Dad's method. It <sup>05</sup>works even better. All you have to do is this: when you feel angry, take a deep breath slowly, and as you do, say 'one.' Then, relax your whole

body as you breathe out. Repeat with 'two,' and then 'three,' until you reach 'ten.' What you are doing is clearing your mind. <sup>06</sup>_____ is so relaxing that it's almost impossible to remain angry. The exercise is just as useful in stressful school situations. The next time you feel yourself getting hot with anger or stress, give it a try.

Vocabulary
Guesswork

📖 **work**

동사 **work**가 '일하다, 공부하다'라는 뜻으로 해석이 되지 않을 때는 아래 뜻으로 해석해보고, 문제로 연습해보세요. (→ 05. Vocabulary)

• The pills the doctor gave me are **working**. (의사가 내게 준 약이 **효과가 있다**.)
• The phone isn't **working**. (그 전화는 **작동되지** 않는다.)

단어는 다양한 뜻을 가지고 있는 경우가 많아요. 그래서 글의 앞뒤 내용과 어울리는 단어의 의미를 생각해보는 것이 중요하답니다.

SUMMARY > 01-03 **Complete the summary by choosing the correct choice for each blank.**

> There is **a simple and effective method** to deal with anger.
> = First, take a deep breath as you 01 _____.
>   Then 02 _____ your body as you breathe out.
>   Repeat these steps until you 03 _____.
> This method is also good for reducing stress.

01  (a) lie down   (b) say 'one'   (c) close your eyes
02  (a) move    (b) lower    (c) relax
03  (a) reach '10'   (b) are satisfied   (c) fall asleep

PURPOSE > 04 **Which of the following is the writer's purpose?**

① 분노를 일으키는 원인을 설명하려고
② 자신만의 분노 조절 방법을 찾을 것을 조언하려고
③ 분노와 스트레스 대처법을 제안하려고
④ 올바른 호흡법의 중요성을 강조하려고
⑤ 휴식과 스트레스의 관계에 대해 알려주려고

## Focusing on DETAILS

VOCABULARY > 05 **Which of the following has the same meaning as work in the paragraph?**

(a) Are they any closer to understanding how the brain underlines{works}?
(b) My plan underlines{worked}, and I got them to agree.

DETAIL > 06 **Which of the following best fits in the blank?**

① Mixing counting and breathing
② Thinking about anger
③ Accepting your situation
④ Talking to someone
⑤ Deciding to be patient

count (수를) 세다; 중요하다  aloud 소리 내어; 큰 소리로  calm down 가라앉히다  add A to B A를 B에 더하다  extra 별도의; 여분의  work 효과가 있다; 일하다  all you have to do 네가 해야 할 일  take a deep breath 심호흡하다  relax 쉬게 하다, 긴장을 풀다; 휴식을 취하다 *cf.* relaxing 편안하게 하는  breathe out 숨을 내쉬다  clear 맑게 하다  exercise 연습; 운동  stressful 스트레스가 많은  situation 상황  next time ((접속사적으로)) 다음에 ~할 때에  give A a try A를 시도하다, 한번 해보다

Before reading, look at the words and phrases below.

a desk chair / an important piece of furniture / buy one / choose a model
The passage is probably about ((a) buying (b) selling) a chair.

CHAPTER 03

# 5

A desk chair is an important piece of furniture. Buy one only after you have tested it. Choose a model with a seat that you can move forward and backward as well as up and down. The best chairs have [06] support for your lower back and no arm rests; this way your arms can hang naturally by your sides. Raise or lower the seat of your chair so that your hands and forearms can rest on the surface of your desk when your elbows are bent. Do this

in the store before you buy your chair. When you get the chair home, do not [07] place it on soft flooring, such as a carpet. Trying to move across soft surfaces when you are sitting in your chair can hurt your lower back. [08] _____, keep your chair on hard flooring or a plastic mat designed especially for chairs to slide across.

\* arm rest 팔걸이

Vocabulary
Guesswork

### 📑 word classes

많은 단어가 두 개 이상의 품사로 사용될 수 있답니다. 그러니까 어떤 단어가 때에 따라 형용사 역할을 할 수도, 명사 역할을 할 수도 있는 거죠.
동사인 줄 알았던 단어가 명사로 쓰이거나, 형용사인 줄 알았던 단어가 부사로 쓰이는 등 다양한 경우가 있어요. 이렇게 하나의 단어에 많은 뜻이 있을 수 있음을 기억해야 해요.

• I **watered** the plants. 나는 식물에 **물을 주었다**.

본문의 **support**, **place** 역시 이러한 경우랍니다. 문제를 통해 확인해보세요. (→ 06. 07. Vocabulary)

SUMMARY >   01-04   **Complete the summary by choosing the correct choice for each blank.**

> You should 01 _____ your desk chair in the store before buying it.
> → Make sure you can 02 _____ the seat.
>    Check if your back and arms are 03 _____.
>    Your arms should rest naturally when your hands are on the desk.
>    Place your chair on a 04 _____ surface at home.

01   (a) test        (b) raise        (c) move
02   (a) return      (b) order        (c) adjust
03   (a) clean       (b) comfortable  (c) straight
04   (a) soft        (b) flat         (c) hard

TOPIC >   05   **Which of the following is the best topic of the passage?**

① common mistakes with desk chairs
② how to make a comfortable study area
③ back injuries resulting from poor chairs
④ how to buy and use a desk chair
⑤ choosing a chair to match your flooring

## Focusing on DETAILS

VOCABULARY >   06   **Which of the following has the same meaning as support in the paragraph?**

(a) 지지하다        (b) 버팀대

VOCABULARY >   07   **Which of the following has the same meaning as place in the paragraph?**

(a) 장소        (b) 놓다, 두다

DETAIL >   08   **Which of the following best fits in the blank?**

① In other words        ② In addition        ③ Instead
④ For example        ⑤ Therefore

---

forward 앞으로 (↔ backward 뒤쪽으로)   as well as 또한, 역시   support 지지[지원]하다; 버팀대, 지탱(하다)   lower 아래의; 낮추다   back 허리, 등   hang 걸다, 매달다   side 옆구리   forearm 팔목 부분   rest on ~에 얹혀 있다, 기대다 *cf.* rest 휴식; 쉬다; 받치다   surface 표면, 겉면   elbow 팔꿈치   bend ((과거·과거분사형 bent)) 구부리다   place 놓다, 두다; 장소   flooring 바닥   design 고안하다, 설계하다   slide 미끄러지다
[선택지 어휘] adjust 조정[조절]하다

# ⮞ Grammar & Usage

**| 01-04 |** 다음 각 네모 안에서 어법에 맞는 표현으로 가장 적절한 것을 고르시오.

**01** A 'treat fund' is spare cash for a special treat like a ticket | sees / to see | your favorite band.

**02** A desk chair is an important piece of | furniture / furnitures |, so you should buy one only after you have tested it.

**03** | Try / Trying | to move across soft surfaces when you are sitting in your chair can hurt your lower back.

**04** When you are moving into a new stage of your life, you might feel a little | frightened / frightening |.

**| 05-08 |** 다음 밑줄 친 부분이 어법상 올바르면 ○, 어색하면 ×로 표시하고 바르게 고치시오.

**05** When you go on a first date, eat spaghetti at a busy restaurant or <u>going</u> to the movies.

**06** Everyone likes someone <u>who</u> has pleasant manners, is polite, and arrives on time.

**07** Mixing counting and breathing is so relaxing that it's almost impossible <u>remain</u> angry.

**08** People do a house swap because they prefer real homes to hotel rooms. So, you don't need to worry about how big or how lovely <u>is your house</u>.

**| 09-11 |** 다음 중 빈칸에 알맞은 말을 고르시오.

**09** When you feel angry, take a deep breath slowly. _____ you are doing is clearing your mind.

① That      ② Which      ③ Who      ④ Whose      ⑤ What

**10** When I was little, my father _____ aloud to ten when he was angry with my sister and me.

① uses to counting      ② used to counting      ③ used to count
④ was used to count      ⑤ is used to counting

**11** Swapping houses with somebody else is a great idea for your vacation, _____ you don't pay anything for a place to stay.

① while      ② because      ③ unless      ④ whether      ⑤ even though

# *Real* ENGLISH

뭐니 뭐니 해도 숙소는 저렴해야 좋죠!

# Bed & Breakfast

& Bs on Kangaroo Island have traditionally offered high quality accommodation with personal service and numerous amenities.

Hosts may offer breakfast in the dining area or guest's private room. At some B&Bs bathroom facilities may be shared with other guests and the owner/host may be living on the property. Other B&B options include self contained cottage or apartments with private accommodation with breakfast provided daily. Your hosts will greet you on arrival & assist with your itinerary and travel planning.

**PARNDANA OPEN HOUSE**

**MACGILLIVRAY STRANRAER HOMESTEAD**

**BROWNLOW CORREA CORNER**

**EMU BAY MEREDITH'S BEACHSIDE**

**AMERICAN BEACH THE FIG TREE**

**PENNESHAW SEAVIEW LODGE**

## *Bed & Breakfast*
### B&B

여행을 할 때 잠자리가 가장 고민이 되죠.
이럴 때 Bed & Breakfast,
즉 B&B를 이용하면 비용 절감에 큰 도움이 됩니다.
B&B는 말 그대로 잠자리를 제공하는 것은 물론,
아침도 주는 민박서비스를 말해요.
호텔만큼 시설이 좋지는 않지만
인심 좋은 민박집 주인과
전 세계에서 온 친구들을 사귈 수 있으니
이보다 좋을 수는 없겠죠!

## *Lodge*
### 별장, 별채

여관(inn)과는 조금 다른 개념인
lodge는 우리나라의 개념으로 얘기하면,
펜션 같은 거랍니다.
여관보다는 시설이 좋고
호텔보다는 저렴한
lodge도 저렴한 숙소로는 딱이죠!

# Quick Check

Match each word in bold with its meaning.

**1**

| 01 | recycle | a. ~의 양 |
|----|---------|----------|
| 02 | goods | b. 재활용하다 |
| 03 | make sure (that) | c. ~할 때는 언제든지 |
| 04 | reduce | d. 줄이다, 감소시키다 |
| 05 | amount of | e. 확인하다 |
| 06 | unnecessary | f. 상품 |
| 07 | whenever | g. 불필요한 |

**2**

| 01 | wake up | a. 산책하러 가다 |
|----|---------|----------|
| 02 | go for a walk | b. 놀란 |
| 03 | delicious | c. 일어나다, 잠에서 깨다 |
| 04 | add A to B | d. 맛있는 |
| 05 | amazed | e. A를 B에 더하다 |

**3**

| 01 | dump | a. 우선, 먼저 |
|----|------|----------|
| 02 | relationship | b. 기분 나쁘게 하는 |
| 03 | to begin with | c. 직접, 몸소 |
| 04 | public | d. 공공의, 대중의 |
| 05 | upsetting | e. (이성 친구를) 차다; 버리다 |
| 06 | in person | f. 관계 |

**4**

| 01 | worry about | a. 믿다, 신뢰하다 |
|----|-------------|----------|
| 02 | leave | b. (밤에) 집에 안 들어오다 |
| 03 | each time | c. 걱정하다 |
| 04 | stay out | d. ~할 때마다 |
| 05 | trust | e. 남기다; 떠나다 |

**5**

| 01 | novel | a. ~하는 것은 무엇이든지 |
|----|-------|----------|
| 02 | textbook | b. 교과서 |
| 03 | whatever | c. 모으다 |
| 04 | gather | d. 낭비하다 |
| 05 | valuable | e. (장편) 소설; 새로운, 신기한 |
| 06 | waste | f. 매우 유용한 |

Chapter
04

# Things to Consider

글은 여러 다양한 생각해볼 거리를 제공해주기도 해요.
이러한 생각거리들을 다루는 글은 단순히 정보를 제공해주는 글에 비해
학년이 높아질수록 그 비중이 늘어납니다.
생각거리라고 해서 글이 특별히 어려워지는 것은 아니지만,
가벼운 것들부터 시작해서 익숙해진 뒤
차츰 더 깊이 있는 것들로 들어가는 것이 좋습니다.

The passage is probably about ((a) reusing and recycling  (b) saving our planet).

CHAPTER 04

**1**

To help save our planet, you already [04] reuse and [04] recycle things. But that's not all you can do. Companies spend a lot of money trying to get you to buy their goods. If you don't think carefully, you will keep buying things that you do not need or even really want. Start by asking yourself, "Do I really need a new phone or

a brand-new MP3 player even though I have one that still works?" Think carefully, and make sure you have good reasons for spending your money. If you do this, you will [04] reduce the amount of waste in the world. And companies may stop making so many unnecessary things. So, whenever you are shopping, [05] _____.

It's one more good way to be green.

\* green 환경 보호의

📑 **re-**

단어 앞에 re-란 접두사가 붙어 'again'을 의미할 수 있어요.

• reopen = open **again**

본문에서도 이러한 의미의 단어가 있는지 찾아보세요. (→ 04. Vocabulary)

SUMMARY > 01-02 **Complete the summary by choosing the correct choice for each blank.**

> We use waste again to help save our planet.
> There is **more we can do**.
> → Think carefully before 01 _____ things.
>   By doing that, we can 02 _____ our waste and be green.

01  (a) buying  (b) selling  (c) recycling
02  (a) separate  (b) reuse  (c) reduce

TOPIC > 03 **Which of the following is the best topic of the passage?**

① the importance of reusing and recycling
② the best way to get help for the environment
③ reducing waste for the environment
④ how companies sell and how people buy
⑤ why people buy and sell unnecessary things

## Focusing on DETAILS

VOCABULARY > 04 **다음 중 밑줄 친 단어의 굵은 글씨 부분이 again의 뜻으로 쓰이지 않은 것을 고르시오.**

(a) My daughter **re**uses envelopes.
(b) The country **re**cycles 40% of its waste.
(c) Try to **re**duce the amount of fat in your diet.

DETAIL > 05 **Which of the following best fits in the blank?**

① choose the new model
② don't forget to use coupons
③ think again about whether you need it
④ do not waste your pocket money
⑤ find a shop with the lowest prices

---

save 구하다; 저축하다; 절약하다  planet 행성  reuse 재사용하다  recycle 재활용하다  goods 상품  brand-new 최신의  make sure (that) 확인하다  reduce 줄이다, 감소시키다  amount of ~의 양  waste 쓰레기; 낭비하다  stop+-ing ~하던 것을 멈추다  unnecessary 불필요한  whenever ~할 때는 언제든지  [선택지 어휘] coupon 할인권, 쿠폰  pocket money 용돈

The passage is probably about ((a) the morning hour  (b) a quiet lifestyle).

CHAPTER 04

# 2

The best hour of the day is the one before you usually wake up. If you're like most people, your wake-up time only gives you just enough time to eat breakfast and run to school. Imagine how nice it would be if you had a whole extra hour in the morning. You could do <sup>05</sup>things you don't usually have enough time for. You could go for a walk, go swimming, or make a delicious breakfast. Adding an hour to your morning is a great way to reduce stress if you use the hour to do something other than work. You may have to go to bed a little earlier. But an extra hour in the morning is so much <sup>06</sup>_____ than at the end of the day when you're tired. If you've never woken up to enjoy that quiet hour before the sun comes up, try it tomorrow. You will be amazed by the peace and energy you can add to your life.

Vocabulary
Guesswork

## 📄 Phrasal Verbs

두 개 이상의 단어가 모여서 함께 동사의 역할을 할 때도 있어요. 윗글의 **wake up**이나 **come up**처럼 말이죠. wake up은 wake와 거의 비슷한 의미이지만, 보통 뒤에 한두 단어가 붙은 동사는 원래 의미와 많이 달라지기도 해요.

• I was **woken (up)** by the telephone. (나는 전화 소리에 **잠이 깼다**.)
• We watched the sun **come up**. (우리는 해가 **뜨는** 것을 지켜보았다.)
• The train is **coming in** now. (기차가 지금 **들어오고** 있다.)

이러한 동사가 한 단어로 익숙해지면 더 쉽게 글을 읽을 수 있답니다.

SUMMARY > 01-03 **Complete the summary by choosing the correct choice for each blank.**

01 _____ an hour earlier than usual is **a great idea**.

→ You can do things you don't usually do because of lack of
02 _____.

It's a great way to cut down your 03 _____.

01　(a) Waking up　(b) Going to bed　(c) Planning to leave
02　(a) motivation　(b) knowledge　(c) time
03　(a) energy　(b) stress　(c) housework

MAIN IDEA > 04 **Which of the following is the main idea of the passage?**

① Take a walk more often.
② Eat breakfast every day.
③ Go to bed before midnight.
④ Add more time to your morning.
⑤ Love every minute of every day.

## Focusing on DETAILS

DETAIL > 05 **Which of the following do the underlined things NOT refer to? Choose all that apply.**

① 산책 가기　　　　　　　② 수영하기
③ 맛있는 아침식사 만들기　④ 일하기
⑤ 학교 일찍 가기

DETAIL > 06 **Which of the following best fits in the blank?**

① more useful　　② colder
③ safer　　　　　④ more crowded
⑤ shorter

---

wake up 일어나다, 잠에서 깨다　go for a walk 산책하러 가다　delicious 맛있는　add A to B A를 B에 더하다　reduce 줄이다, 감소시키다
amazed 놀란 *cf.* amazing 놀라게 하는

(a) getting a low test score  (b) ending a relationship

CHAPTER 04

# 3

What would be worse: getting a low score on the big math test, or being dumped (having your boyfriend or girlfriend end a relationship with you)? If you have ever been dumped, you know the answer is "being dumped." It hurts. Badly. But doing the dumping is horrible, too. You have to be strong. So, before ending your relationship with someone, be prepared. To begin with, ask a friend to do role-plays with you. Imagine different ways your boyfriend or girlfriend could act when you tell them the relationship is finished. Then, practice how you will remain calm but strong. Try to avoid ending the relationship in a public place. And never dump someone by email, text message, phone, or on a blog. It's impolite. Be kind, be clear, and don't be afraid of getting upset! It is an upsetting thing to do!

Vocabulary
Guesswork

📄 **im-**

단어 앞에 im-이란 접두사가 붙어 'not'을 의미할 수 있어요. 철자만 약간 다를 뿐 in-, il-, ir-과 같은 것들도 모두 'not'을 의미할 수 있어요.

- **imperfect = not** perfect (완전하지 **않은**)
- **inactive = not** active (활동하지 **않는**)
- **illogical = not** logical (논리적이지 **않은**)
- **irregular = not** regular (규칙적이지 **않은**)

문제로 확인해보세요. (→ 06. Vocabulary)

SUMMARY > 01-03 **Complete the summary by choosing the correct choice for each blank.**

> **Be prepared** when ending a relationship with someone.
> → Do role-plays with someone else and imagine various 01 _____.
>   Practice remaining 02 _____.
>   End your relationship 03 _____ and in person.

01 (a) reasons    (b) reactions    (c) images
02 (a) cheerful    (b) calm    (c) silent
03 (a) in private    (b) in public    (c) in advance

TITLE > 04 **Which of the following is the best title of the passage?**

① Learning to Calm Your Anger
② How to Break Up with Someone
③ How to Build Relationships with Others
④ Stay Strong When Getting Dumped
⑤ Why It Hurts to Lose Someone

Focusing on DETAILS

DETAIL > 05 **Which of the following about how to end a relationship is NOT mentioned in the passage?**

① 친구를 상대로 이별 예행연습을 하라.
② 공공장소에서의 이별은 피하라.
③ 전화로 이별을 통보하지 마라.
④ 헤어질 의사를 확실히 전달하라.
⑤ 상대방을 화나게 하지 마라.

VOCABULARY > 06 **다음 문장의 빈칸에 알맞은 단어를 |보기|에서 골라 쓰시오.**

| 보기 | |
|---|---|
| impossible | impolite |

(a) If someone is _____, he or she is rude.
(b) If something is _____, it cannot happen or it cannot be done.

---

score 점수   dump (이성 친구를) 차다; 버리다   relationship 관계   badly 몹시, 심하게; 나쁘게   horrible 끔찍한   to begin with 우선, 먼저
role-play 역할극   calm 침착한, 차분한   public 공공의, 대중의   text message 문자 메시지   upsetting 기분 나쁘게 하는
[문제 어휘] in person (편지를 보낸다든지 다른 사람을 시킨다든지 하지 않고) 직접, 몸소

parents / where you are / your free time / safe / rules
The passage is probably about ((a) parents and your free time  (b) duties of parents).

CHAPTER 04

Are your parents always worrying about where you are in your free time? If you usually get home from school at 3 p.m., your parents will be very worried if you haven't shown up by 4. And if you don't get home until 5, [05] don't be surprised if Mom or Dad shouts at you. Let your parents know where you are. They need to know that you are safe. Talk with them about your free time. Together, you can [06] establish some rules. For example, you may agree to leave a note or a phone message about where you are going each time you go out. If you always tell the truth about where

you are, you can stay out longer. [07] It doesn't mean you're a baby. [07] It's one way that parents can learn to trust you more and give you more free time.

Vocabulary
Guesswork

### 📑 Example Clues

모르는 단어 뒤에 예시가 나오면 걱정하지 않아도 된다고 했죠? 예시의 내용을 통해 모르는 단어의 의미를 알 수 있는 경우가 많으니까요!

• Together, you can **establish** some rules. **For example**, you may agree to leave a note or a phone message about where you are going each time you go out.

규칙을 establish하는 것의 예로, 외출할 때마다 메모나 전화 메시지를 남기겠다고 동의하는 것이 제시되었어요. 그러므로, establish는 규칙을 '정하다, 세우다'의 의미임을 알 수 있습니다.
문제를 통해서 다시 한 번 확인해보세요. (→ 06. Vocabulary)

SUMMARY >  01-03  **Complete the summary by choosing the correct choice for each blank.**

> Make **some rules** about your free time with your parents and
> 01 _____ them.
> → Whenever you go out, 02 _____ about where you are going.
> That will help them to 03 _____ you and give you more free time.

01  (a) remind  (b) write  (c) follow
02  (a) you can lie  (b) let them know  (c) make a decision
03  (a) trust  (b) contact  (c) guide

MAIN IDEA >  04  **Which of the following is the writer's main point?**

① 약속 시간을 반드시 지켜라.
② 메모하는 습관을 길러라.
③ 학생 신분에 맞게 행동해라.
④ 부모님과 대화 시간을 많이 가져라.
⑤ 부모님과 자유 시간에 대한 규칙을 정해라.

## Focusing on DETAILS

내신서술형 >  05  **밑줄 친 부분을 우리말로 해석하시오.**

VOCABULARY >  06  **Which of the following have the closest meanings to establish? Choose all that apply.**

(a) make  (b) break  (c) create  (d) remember

DETAIL >  07  **밑줄 친 두 개의 It이 공통적으로 의미하는 것을 고르시오.**

① Staying out late with friends
② Spending your free time at home
③ Knowing that you're in a safe place
④ Establishing some rules and following them
⑤ Letting your parents schedule your free time

---

worry about 걱정하다 *cf.* worried 걱정하는  show ((과거형 showed 과거분사형 shown)) 모습을 드러내다, 나타나다 (= appear) *cf.* show off 자랑하다  shout at ~에게 소리치다  establish (규칙·법률 등을) 세우다, 제정하다  leave 남기다; 떠나다  each time ((접속사적으로)) ~할 때마다  stay out (밤에) 집에 안 들어오다  trust 믿다, 신뢰하다

The passage is probably about ((a) reading speed  (b) reading purposes).

CHAPTER 04

5

You can read novels for pleasure or textbooks for study. Whatever you read, your reading speed is key. That's because these days, gathering information quickly is one of the most valuable skills. [05]_____, people often waste their time by going back and reading things again and again to check the meaning of words. This habit not only reduces reading speed but it also reduces understanding. Try to keep your eyes moving left-to-right. Do not stop at every word, but try to understand whole sentences at a time. If you try to follow this advice and read as many books as possible, you can be a good reader.

SUMMARY >     01-03    **Complete the summary by choosing the correct choice for each blank.**

> It's important to be able to 01 _____ these days.
> Do not read the same parts 02 _____.
> Try to understand complete sentences 03 _____.

01    (a) read fast      (b) read and write

02    (a) aloud      (b) repeatedly

03    (a) completely      (b) at once

TOPIC >     04    **Which of the following is the best topic of the passage?**

① how to be a better reader

② how to gather information

③ the growing amount of reading material

④ various reasons people like to read

⑤ ways to improve your vocabulary

Focusing on DETAILS

DETAIL >     05    **Which of the following best fits in the blank?**

① Also            ② As a result

③ In addition      ④ However

⑤ For example

DETAIL >     06    **Which of the following about a bad habit of reading is mentioned in the passage?**

① 작가의 의도를 이해하지 못한 채 읽는다.

② 필요한 부분만 읽고 나머지는 읽지 않는다.

③ 내용을 제대로 이해했는지 확인하지 않고 읽는다.

④ 뒤에 이어질 내용을 예측하지 않고 읽는다.

⑤ 단어의 의미 파악을 위해 읽은 것을 반복해서 읽는다.

---

novel (장편) 소설; 새로운, 신기한    for pleasure 재미 삼아    textbook 교과서    whatever ~하는 것은 무엇이든지    key 중요한    gather 모으다
valuable 매우 유용한 (= very useful); 값비싼    waste 낭비하다    again and again 반복해서    at a time 한 번에, 동시에

# ✴▶ Grammar & Usage

**|01-05|** 다음 각 네모 안에서 어법에 맞는 표현으로 가장 적절한 것을 고르시오.

**01** | Help / To help | save our planet, you already reuse and recycle things.

**02** If you're like most people, your wake-up time only gives you just enough time to eat breakfast and | run / running | to school.

**03** To let your parents know that you are safe, you may agree | leave / to leave | a note or a phone message about where you are going in your free time.

**04** If you usually get home from school at 3 p.m. but don't get home until 5, don't be | surprising / surprised | if Mom or Dad shouts at you.

**05** These days, gathering information quickly is one of the most valuable | skill / skills |.

**|06-09|** 다음 밑줄 친 부분이 어법상 올바르면 ○, 어색하면 ×로 표시하고 바르게 고치시오.

**06** Companies spend a lot of money <u>try</u> to get you to buy their goods.

**07** Imagine how nice <u>would it</u> be if you had a whole extra hour in the morning.

**08** Adding an hour to your mornings <u>are</u> a great way to reduce stress.

**09** What would be worse: getting a low score on the big math test, or <u>being</u> dumped?

**|10-11|** 다음 빈칸에 들어갈 말로 바르게 짝지어진 것을 고르시오.

**10**

> • Do I really need a new phone or a brand-new MP3 player _____(A)_____ I have one that still works?
> • An extra hour in the morning is so _____(B)_____ more useful than at the end of the day when you're tired.

① whether – much ② because – very ③ because – much
④ even though – much ⑤ even though – very

**11**

> • You should be prepared before _____(A)_____ your relationship with someone.
> • People often read things again and again, and this habit not only reduces reading speed _____(B)_____ it also reduces understanding.

① end – but ② end – and ③ ending – but
④ ending – and ⑤ to end – and

# *Real* ENGLISH

여기에 주차하지 마세요.

**Reserved Parking**
**지정 주차 구역**
reserve는 '(특정인이나 특정 목적을 위해)
~을 마련해두다, 따로 떼어두다'란 뜻이에요.
휠체어가 그려져 있는 것으로 보아
'장애인 전용 주차구역'이네요.
reserve는 '(방이나 좌석 등을)
예약하다'란 뜻으로도 자주 쓰여요.

# Quick Check

Match each word in bold with its meaning.

**1**

| | | | |
|---|---|---|---|
| 01 | subject | a. | 깊이, 매우 |
| 02 | be scared of | b. | 봉투 |
| 03 | once | c. | 무서워하다 |
| 04 | envelope | d. | ~하는 것을 확신하다 |
| 05 | be sure to+동사원형 | e. | 학과, 과목; 주제 |
| 06 | deeply | f. | ~할 때; 한 번; 언젠가 |

**2**

| | | | |
|---|---|---|---|
| 01 | forward | a. | 자정, 밤 12시 |
| 02 | midnight | b. | (전기 등을) 끄다; 나타나다; ~임이 판명되다 |
| 03 | relaxing | c. | 추가된, 더해진 |
| 04 | turn out | d. | 느긋한, 편안한 |
| 05 | refreshed | e. | 더 일찍; 앞으로 |
| 06 | added | f. | 상쾌한 |

**3**

| | | | |
|---|---|---|---|
| 01 | celebration | a. | 무기 |
| 02 | weapon | b. | (상상력으로) 만들다; 발명하다 |
| 03 | survive | c. | 졸업하다 |
| 04 | invent | d. | 살아남다 |
| 05 | costume | e. | 발전 |
| 06 | graduate from | f. | 기념[축하] 하기; 기념[축하] 행사 |
| 07 | development | g. | 복장, 의복 |

**4**

| | | | |
|---|---|---|---|
| 01 | wonder | a. | 일기를 쓰다 |
| 02 | keep a diary | b. | 깨닫다 |
| 03 | nervous | c. | 확신이 없는 |
| 04 | unsure | d. | 초조한 |
| 05 | realize | e. | 궁금해 하다; ~일지 모르겠다; (크게) 놀라다 |

**5**

| | | | |
|---|---|---|---|
| 01 | serve | a. | 중요하다; 문제, 일 |
| 02 | function | b. | 기능 |
| 03 | clear | c. | 맑게 하다; 분명한; 맑은 |
| 04 | rule | d. | ~의 역할을 하다, ~에 도움이 되다 |
| 05 | matter | e. | 깔끔한, 단정한 |
| 06 | neat | f. | 규칙 |

# Chapter 05

# *Interesting Ideas*

글을 많이 읽을 것을 권하는 이유 중의 하나는
다른 사람의 생각과 그렇게 생각하게 된 배경이나 근거,
즉 그러한 생각이 나오게 된 과정을 많이 알게 되기 때문이에요.
이는 읽는 이의 사고를 풍부하게 해주는 교육적 효과는 물론,
나중에 자신의 생각도 글로 잘 표현할 수 있게 해주는 밑바탕이 되지요.
그러므로, 글쓴이의 생각이 드러난 글은 그것이 무엇인지를 파악하는 것도 중요하지만
그 배경이나 근거를 파악하는 것도 중요하답니다.

The passage is probably about ((a) passing time  (b) sending a note).

CHAPTER 05

1

Who you are now is deeply related to who you'll be in the future. However, as time passes, some of your interests and thoughts can change. That's why it's cool to send a note to your future self. Start your letter, "Dear [*your name,*]" and then write down everything you want to say about who you are now. What are your favorite school subjects? Who are your best friends, and why? What are your hobbies, habits, and favorite things? What are you scared of? Once you've written everything, put the letter in an envelope. Then, hide it in a box that you will be sure to keep forever. In 10 years or even 20 years you'll find [05] it, and the kid you once were will talk about who you [06] _____.

SUMMARY >    01-03    **Complete the summary by choosing the correct choice for each blank.**

> As time passes, people 01 _____.
> ∴ **Sending a note** to your future self is an interesting thing to do.
> → Write down everything about 02 _____.
> → 03 _____ the note some place safe.
> → In the future, you can find the letter and read it.

01    (a) change            (b) disappear          (c) get busy
02    (a) who you want to be  (b) who you are now    (c) what you experienced
03    (a) Read              (b) Open               (c) Save

MAIN IDEA >    04    **What is the main idea of the passage?**
① Store your letters in a box.
② Write your secrets in a diary.
③ Write a letter to the 'future you.'
④ Share your favorite memory with friends.
⑤ Prepare for your future when you are young.

## Focusing on DETAILS

내신서술형 >    05    **밑줄 친 it이 가리키는 것을 본문에서 찾아 영어로 쓰시오.**

DETAIL >    06    **Which of the following best fits in the blank?**
① used to be
② became
③ will be in the future
④ should be
⑤ want to be

deeply 깊이, 매우   A be related to B A는 B와 관련되다   cool ((구어)) 멋진   note 메모; 쪽지; 기록   subject 학과, 과목; 주제   be scared of 무서워하다   once ~할 때; 한 번; 언젠가   envelope 봉투   be sure to+동사원형 ~하는 것을 확신하다   [선택지 어휘] share 함께 나누다, 공유하다

The passage is probably about ((a) an early  (b) a regular) bedtime.

CHAPTER 05

# 2

"Bring bedtime forward once a week." A friend told me about this idea a few weeks ago. I thought it was a great idea. Usually, my bedtime is around midnight. But I went to bed three hours earlier that Friday night. It gave me a nice end to a busy week. Also, it gave me a good start for a relaxing Saturday and Sunday. Now, I can't wait for my quiet, early-to-bed Fridays. Sunday is also a good night to try to go to bed by nine o'clock. Then, each Monday morning, you'll feel super-ready to start the busy week ahead. Whichever night you choose, <sup>06</sup> turning out the lights much earlier than you usually do will give excellent results. You'll be more refreshed than <sup>07</sup> _____ , and the added energy will help you work better and play better.

Vocabulary
Guesswork

### 📄 Phrasal Verb (verb + out)

두 개 이상의 단어가 함께 동사의 역할을 할 때, 뒤에 오는 단어가 중요한 역할을 할 때가 많아요. 예를 들이 'out'은 '밖으로, 밖에'라는 기본 뜻을 가지고 있는데, 이 뜻이 발전되어 서로 완전히 반대되는 뜻을 나타내기도 해요. 어떤 것이 밖으로 나간다면 안에서 볼 때는 그것이 '없어짐, 소멸'을 뜻할 수 있지만, 밖에서 볼 때는 그것이 '나타남, 드러남'을 뜻할 수 있는 거죠.

• The shoes **wore out** so I threw them away. (그 구두는 다 **닳아서** 내가 버렸다.)
• He **took out** some candies and gave them to us. (그는 사탕 몇 개를 **꺼내어** 우리에게 주었다.)

이처럼 뒤에 붙는 단어에 의해 동사가 매우 다양한 의미로 변할 수 있답니다.
본문에 나온 **turn out**의 의미도 문제로 확인해보세요. (→ 06. Vocabulary)

SUMMARY >   01-04   **Complete the summary by choosing the correct choice for each blank.**

> Going to bed 01 _____ once a week is great.
>
> *reason* 1   It's a nice end to 02 _____ weekdays.
> *reason* 2   It's also a good start for 03 _____ weekends.
> *reason* 3   It gives us more 04 _____ to work and play.

01   _____ .
02   _____ .
03   _____ .
04   _____ .

TOPIC >   05   **Which of the following is the best topic of the passage?**

① reasons to stop going to bed early
② why an early bedtime is hard to keep
③ advantages of an early bedtime once a week
④ how to be more refreshed on weekends
⑤ tips for waking up early in the morning

## Focusing on DETAILS

VOCABULARY >   06   **Which of the following has the same meaning as turning out in the paragraph?**

(a) Remember to turn out the lights when you go to bed.
(b) People turned out to welcome us.
(c) The job turned out to be harder than we thought.

DETAIL >   07   **Which of the following best fits in the blank?**

① if you'd gone to sleep early
② you are on the weekends
③ anyone else
④ when you stay up late
⑤ you are in the morning

---

bedtime 취침 시간   forward 더 일찍; 앞으로   once 한 번; 언젠가; ~할 때   midnight 자정, 밤 12시 *cf.* midday 정오, 낮 12시   relaxing 느긋한, 편안한   super- 대단히, 엄청나게   ahead 미리, 앞당겨   turn out (전기 등을) 끄다; 나타나다; ~임이 판명되다   refreshed 상쾌한   added 추가된, 더해진   [선택지 어휘] stay up 잠을 자지 않고 있다

(a) a coming-of-age celebration　(b) special ceremonies

CHAPTER 05

# 3

Throughout history, in many cultures, boys became men through special ceremonies and customs known as coming-of-age celebrations. Some coming-of-age celebrations were frightening. For example, a boy might be sent away without food, water, or weapons, to survive on his own for a certain time. If he came back alive, the boy was then considered a man. Let's bring back coming-of-age celebrations — but not the

05 _____ ones! Why don't you invent your own celebration? A modern coming-of-age celebration could take many forms. You could have a ceremony in costume, or go on a camping trip. You could do it on your 18th birthday, or when you graduate from high school, or at some other special time in your growth and development. By doing your own coming-of-age celebration, you can be a more independent person and feel stronger. You're no longer a child! You're an adult.

*coming-of-age 성년, 성인

SUMMARY > 01-02 **Complete the summary by choosing the correct choice for each blank.**

In the past, boys became men through special ceremonies.
You can 01 _____ **your own coming-of-age celebration** for an important time in your growth.
→ *example* 1  having a ceremony in costume
  *example* 2  going on a camping trip
By doing so, you can become a more 02 _____ person.

01  (a) cancel  (b) create  (c) join
02  (a) independent  (b) creative  (c) pleasant

TITLE > 03 **Which of the following is the best title of the passage?**

① Become an Adult with Your Own Ceremony
② What to Include in a Coming-of-Age Celebration
③ Coming-of-Age Celebrations: When Boys Became Men
④ Shocking Customs of Ancient Cultures
⑤ How Do You Know You're an Adult?

Focusing on DETAILS

DETAIL > 04 **What best describes "a coming-of-age celebration"?**

① It is a kind of natural human law.
② It is a common problem for young boys.
③ It is an event to show change into adulthood.
④ It is the time when boys become citizens by law.
⑤ It is an outdated and dangerous practice.

내신서술형 > 05 **빈칸에 들어갈 말로 가장 알맞은 한 단어를 본문에서 찾아 쓰시오.**

---

ceremony 의식  custom 관습  celebration 기념[축하] 하기; 기념[축하] 행사  frightening 무서운, 겁을 주는  weapon 무기  survive 살아남다
invent (상상력으로) 만들다; 발명하다  modern 현대적인  costume 복장, 의복  graduate (from) 졸업하다  growth 성장  development 발전
independent 독립적인  **[선택지 어휘]** citizen 시민  outdated 구식인, 옛날식의  practice 관행; 연습

The passage is probably about ((a) childhood dreams (b) studying dreams).

CHAPTER 05

**4**

Have you ever dreamed about flying over your house or falling from a very high place? Did you wonder what it could mean? Studying your dreams is an interesting trip into the deep secrets of your mind. To start the trip, keep a dream diary. As soon as you wake up from your dream, write down as many things as you can remember. Later, read your notes and think about the meaning of each dream. <sup>05</sup>_____, flying might mean you feel <sup>06</sup> confident in your life. But falling might mean you feel nervous or unsure of something.

By keeping a dream diary, you can find what makes you happy, what you're worried about, and many other things that you never realized.

Vocabulary
Guesswork

### 📑 Applying Context Clues

but, however, on the other hand, unlike 등의 표현도 모르는 단어의 뜻을 짐작하는 데 도움이 되곤 해요. 이러한 표현들은 앞의 내용과는 **반대되는 내용**을 말하고 싶을 때 사용하거든요. 그래서 어느 한쪽 단어만 알면, 반대되는 한쪽 단어의 뜻도 알 수 있는 거죠.

• Jess thought the flowers were **gorgeous**, **but** Amy said they were *ugly.*

여기서 gorgeous는 ugly(예쁘지 않은)와 대조를 이루고 있으므로 '예쁜, 멋진'을 뜻하겠지요?
본문의 **confident**도 이러한 방식으로 뜻을 생각해보세요. (→ 06. Vocabulary)

SUMMARY > 01-03 **Complete the summary by choosing the correct choice for each blank.**

> You can **study your dreams** and 01 _____ the deepest secrets of your mind.
> → 02 _____ everything you can remember from your dreams in a diary.
> Think carefully about the possible 03 _____ of each event.
> Use this method to find out new things about yourself.

01    (a) reveal    (b) guard    (c) have

02    (a) Change    (b) Write down    (c) Tell others

03    (a) results    (b) meanings    (c) dangers

TITLE > 04 **Which of the following is the best title of the passage?**

① The History of Studying Dreams
② A Dream That Makes You Happy
③ The Dream of Becoming a Great Writer
④ The Relation between Dreaming and Health
⑤ Understanding Yourself through Dreams

Focusing on DETAILS

DETAIL > 05 **Which of the following best fits in the blank?**

① Also      ② Besides
③ Instead      ④ However
⑤ For example

VOCABULARY > 06 빈칸에 들어갈 알맞은 말을 골라 다음 문장을 완성하시오.

> If you are **confident**, you are _____.

(a) sure that you can do something well
(b) worried because you think something bad might happen

---

wonder 궁금해 하다; ~일지 모르겠다; (크게) 놀라다    keep a diary 일기를 쓰다    write down 적다    note 메모; 쪽지; 기록    confident 자신감 있는
nervous 초조한    unsure 확신이 없는    realize 깨닫다    [선택지 어휘] relation 관계    besides 게다가

Look at the first three sentences of the passage.

The passage is probably about ((a) doing anything you like
(b) your own special place).

CHAPTER 05

# 5

Having [05]your own special place can serve many important functions. There, you can be alone to think, draw, write, or do anything you like. It's where you can go to clear your mind and be still. More important is that your special place means peace and happiness.

Many people want their own special place but think they can't have one because they don't have enough money. But your place can simply be a corner of a room, or part of an attic. It can even be somewhere outside. There are no rules for a special place, such as how often you visit or what you do there. It doesn't matter what it looks like, either. It can be neat and clean or full of old things; it's your choice. The only important thing is that you have a place to go when you need to be alone.

SUMMARY >    01-03    **Complete the summary by choosing the correct choice for each blank.**

> Your own special place 01 _____ **many purposes.**
> → *purpose* 1   You can do whatever you want there 02 _____.
>      *purpose* 2   It will help you clear your mind.
>      *purpose* 3   It's a peaceful and happy place.
> Your special place can be anywhere and look like anything.
> There are no 03 _____ and no need for a lot of money.
> → You should have a special place to go when you need to be alone.

01    (a) lacks    (b) gives    (c) can serve

02    (a) alone    (b) outside    (c) safely

03    (a) places    (b) rules    (c) choices

TOPIC >    04    **Which of the following is the best topic of the passage?**

① why and how to make your own special place

② rules for setting up a special place of your own

③ choosing your special place of study

④ easy ways to make your room clean and tidy

⑤ how to set up a place for a low price

Focusing on DETAILS

DETAIL >    05    **Which of the following about the underlined your own special place is NOT mentioned in the passage?**

① 혼자 생각할 수 있는 공간이다.

② 평화와 행복을 느낄 수 있는 공간이다.

③ 경제적인 능력과 상관없이 가질 수 있다.

④ 가능한 장소에 대한 제한이 없다.

⑤ 공간이 넓을수록 좋다.

---

serve ~의 역할을 하다, ~에 도움이 되다    function 기능    clear 맑게 하다; 분명한; 맑은    still 가만히 있는; 아직(도); 훨씬    corner (방) 구석; 모퉁이
attic 다락방    rule 규칙    matter 중요하다; 문제, 일    neat 깔끔한, 단정한

# ▶ Grammar & Usage

| 01-05 | 다음 각 네모 안에서 어법에 맞는 표현으로 가장 적절한 것을 고르시오.

**01** Having your own special place can serve many important / importantly functions.

**02** "Bring / To bring bedtime forward once a week." A friend told me about this idea a few weeks ago.

**03** Many people want his / their own special place but think they can't have one because they don't have enough money.

**04** Studying your dreams is / are an interesting trip into the deep secrets of your mind.

**05** Bringing bedtime forward gave me / to me a nice end to a busy week.

| 06-09 | 다음 밑줄 친 부분이 어법상 올바르면 ○, 어색하면 ×로 표시하고 바르게 고치시오.

**06** It's cool <u>sending</u> a note to your future self.

**07** If you turn out the lights much earlier than you usually do, the added energy will help you <u>work</u> better.

**08** If he came back alive after the coming-of-age celebration, then the boy <u>was considered</u> a man.

**09** There are no rules for a special place. The important thing is <u>what</u> you have a place to go when you need to be alone.

| 10-11 | 다음 중 빈칸에 알맞은 말을 고르시오.

**10** Have you ever dreamed about flying over your house or _____ from a very high place?

① fall      ② fell      ③ fallen      ④ falling      ⑤ to fall

**11** By keeping a dream diary, you can find _____ makes you happy.

① that      ② which      ③ what      ④ whose      ⑤ how

# *Real* ENGLISH

### 엽서를 보내요!

**This Space for Correspondence**

**이 공간은 엽서를 쓰는 공간입니다.**

편지나 엽서로 연락을 주고받는 것을
correspondence[kɔ̀ːrəspɑ́ndəns]라고 해요.
correspondence에는 '일치, 조화'라는 뜻도 있고요.
이메일이나 문자메시지도 좋지만, 부모님이나 친구들에게
편지나 엽서(post card)로 사랑을 표현하는
것은 어떨까요?

**Domestic One Cent**

**국내 우편은 1센트입니다.**

domestic은 '국내의; 가정의' 란 뜻이에요.
1센트면 현재 우리나라 돈으로 120원 정도
하는데, 좀 오래된 엽서인가 봐요.

# Quick Check

Match each word in bold with its meaning.

**1**
| | | | |
|---|---|---|---|
| 01 | letter | a. | 글자; 편지 |
| 02 | have fun | b. | ~으로 덮여 있다 |
| 03 | add | c. | 더하다, 첨가하다 |
| 04 | serious | d. | 젖은 |
| 05 | scream | e. | 재밌게 놀다 |
| 06 | be covered with | f. | 소리치다 |
| 07 | wet | g. | 진지한 |

**2**
| | | | |
|---|---|---|---|
| 01 | embarrassing | a. | 방법, 요령; 속임수 |
| 02 | work | b. | 끄다 |
| 03 | turn off | c. | 창피한 |
| 04 | pet | d. | 효과가 있다; 작동하다; 일하다 |
| 05 | trick | e. | 먹이를 주다 |
| 06 | feed | f. | 애완동물 |

**3**
| | | | |
|---|---|---|---|
| 01 | lesson | a. | 둘 중 어느 것도 아닌 |
| 02 | object | b. | 교훈; 수업 (시간) |
| 03 | clearly | c. | 물체 |
| 04 | right | d. | 분명히 |
| 05 | neither | e. | 옳은; 오른쪽의 |

**4**
| | | | |
|---|---|---|---|
| 01 | upset | a. | (돈을) 모으다; 들어 올리다 |
| 02 | turn A into B | b. | 걱정되는; 속상한 |
| 03 | raise | c. | 퍼뜨리다 |
| 04 | local | d. | A를 B로 바꾸다 |
| 05 | present | e. | 현지의, 지역의 |
| 06 | spread | f. | 온기 |
| 07 | warmth | g. | 선물; 현재의; 제공하다, 주다 |

**5**
| | | | |
|---|---|---|---|
| 01 | control | a. | 행동 |
| 02 | behavior | b. | 제거하다, 없애다 |
| 03 | yell | c. | 화 |
| 04 | be proud of | d. | 상처, 손상 |
| 05 | anger | e. | 자제(하다); 조절(하다); 통제(하다) |
| 06 | damage | f. | 고함치다 |
| 07 | remove | g. | 자랑스러워하다 |

Chapter
06

# Personal Experiences

실제 있었던 경험을 다룬 이야기 형식으로 풀어 쓴 글은
글쓴이가 하고 싶은 말을 좀 더 부드럽고 생생하게 전달해줍니다.
이야기 형식이므로 다른 글들에 비해 길이가 좀 길 수 있지만
전개가 그리 어렵지 않으므로 길이에 미리 겁내지 말고 도전해보세요.

# 1

Before Christmas, our teacher gave everyone a job to do for homework. My job was to make two 'P's and an 'S' for our Christmas party's sign, HAPPY HOLIDAYS.

I planned to make the letters as soon as I got home. But my friend Oscar came by. We had so much fun playing together. Before I knew it, it was dinnertime. Then I started my math homework. And then it was time for bed.

"Oh no!" I said. "I forgot to make the letters!" Quickly, I started work in the kitchen. I drew two big 'P's and an 'S' on paper, cut them out, and put glue on them. I was ready to add ribbons and feathers when Mom walked in.

"Jude, tomorrow night we need to have a serious talk about <sup>03</sup> _____(a)_____ ! Go to bed now and finish that in the morning!"

The next morning, I woke up late. I ran to the kitchen to get my letters. "NO!" I screamed. My cat was covered with paper and ribbons and feathers. He must have played in the wet glue.

I had to go to school without my letters. The sign at the party that day said <sup>04</sup> _____(b)_____ .

That night, Mom and I had our talk. Then she helped me to make a daily schedule. I'm much better with my time now. If you have the same problem, try a schedule!

## Getting the BIG PICTURE

SUMMARY >  01  **Arrange the sentences in the right order to be a summary of the passage.**

(a) I learned to plan my time better by making a daily schedule.

(b) I forgot about my plan to do it, and I wasn't able to finish.

(c) My homework was to make letters for a Christmas party's sign.

**Ans:** _____

MAIN IDEA >  02  **Which of the following is the writer's main point?**

① Listen to your parents when they are talking to you.

② Plan ahead and put your plan into practice.

③ Caring for a pet is a big responsibility.

④ Nothing is more important than getting enough sleep.

⑤ The best parties are well planned events.

## Focusing on DETAILS

DETAIL >  03  **Which of the following best fits in the blank ___(a)___ ?**

① your school life

② your test scores

③ your time management

④ getting a cat for you

⑤ your winter vacation homework

내신서술형 >  04  **빈칸 (b)에 들어갈 말로 알맞은 것을 영어로 쓰시오. (대문자로)**

---

letter 글자; 편지   as soon as ~하자마자   come ((과거형 came)) by (~에) 들르다   have fun 재밌게 놀다   quickly 재빨리   glue 풀   add 더하다, 첨가하다   feather 깃털   serious 진지한   scream 소리치다   be covered with ~으로 덮여 있다   wet 젖은   daily 매일의
**[선택지 어휘]** put ~ into practice 실행하다   care for 보살피다, 돌보다   responsibility 책임(감)   management 관리

# 2

"I like what you're wearing today!" said Nicky. I had arrived late to school again. "Can I borrow your pajama fashion idea?" Richard asked. "It's so cool!" I looked down. I was still dressed in my pajama pants. How embarrassing! "You need an alarm clock," said Richard. "Alarm clocks don't work for me! I turn them off and fall back to sleep again." "Then, I know what you need," said Nicky. "A pet rooster!" Everybody laughed. But Nicky's funny idea gave me [03] <u>an idea of my own.</u>

You see, my family doesn't have a rooster. But we do have a very noisy cat named Rooster! Rooster used to wake Mom early every morning, meowing as loudly as he could. He didn't stop until Mom got out of bed and fed him.

[04] _____, Mom loved my idea: I would move Rooster's food bowl into my bedroom.

The trick worked perfectly! Every morning, Rooster jumps on my bed and doesn't stop meowing and walking on my face until I get up and feed him. Now Rooster is happy, Mom is too, and I'm never late!

SUMMARY >   01   **Arrange the sentences in the right order to be a summary of the passage.**

(a) I brought my cat into my room so he would wake me up in the mornings.

(b) I arrived late to school again wearing pajama pants.

(c) I was always late to school because my alarm couldn't wake me up.

**Ans:** _____

TITLE >   02   **Which of the following is the best title of the passage?**

① You're Never Too Old for a New Goal

② Rooster: The Best Alarm Clock Around

③ Always Wear the Right Clothes

④ A Hungry Kitten Must Be Fed

⑤ How to Deal with Jealous Friends

내신서술형 >   03   **밑줄 친 an idea of my own이 뜻하는 것을 15자 이내의 우리말로 쓰시오.**

DETAIL >   04   **Which of the following best fits in the blank ?**

① In other words          ② So

③ For example             ④ In addition

⑤ However

pajama 잠옷의    cool ((구어)) 멋진, 근사한    be dressed in 입다    embarrassing 창피한    work 효과가 있다; 작동하다; 일하다    turn off 끄다
pet 애완동물    rooster 수탉    meow (고양이가) 야옹하고 울다    feed ((과거형 fed)) (동물에게) 먹이를 주다    bowl 그릇, 사발    trick 방법, 요령; 속임수
perfectly 완전히, 확실히    [선택지 어휘] deal with 다루다; 처리하다    jealous 질투하는

# 3

When I was in middle school, I had a big fight with a boy in my class, Damien. I forget what we were fighting about, but I will never forget the lesson I learned from my teacher that day. Mrs. Clark made Damien stand on one side of her desk and me on the other. There was a large, round, black object on her desk. She asked Damien to tell her what color it was, and he answered, "It's white." I could not believe what he said! It was clearly black! I was sure that I was <sup>03</sup> ⓐ right and he was wrong. But Damien was sure that I was wrong and he was right.

We started fighting again, until Mrs. Clark told us to change places. So I went to Damien's side. Then she asked me to tell her what color the object was. I had to answer, "It's white." The object had a <sup>04</sup> _____ color on each side. When you looked at it from the <sup>03</sup> ⓑ right side, it was black. But when you stood on the other side and looked at it, it was white. Straight away I said sorry to Damien. I felt bad because neither of us was right or wrong.

## Getting the BIG PICTURE

SUMMARY > **01** **Arrange the sentences in the right order to be a summary of the passage.**

(a) I was fighting with a boy in class in my middle school.

(b) Mrs. Clark taught us that everyone sees things differently; it's not about right and wrong.

(c) We couldn't stop fighting or even agree on the color of an object.

**Ans:** _____

PROVERB > **02** **Which of the following is closest in meaning to the teacher's point?**

① Experience is the best teacher.

② A friend in need is a friend indeed.

③ One cannot see the wood for the trees.

④ Every story has two sides.

⑤ Many drops make a shower.

## Focusing on DETAILS

VOCABULARY > **03** **다음 중 본문의 ⓐ, ⓑ와 같은 뜻으로 쓰인 문장을 고르시오.**

ⓐ right: _____

ⓑ right: _____

(a) She's <u>right</u> behind you.

(b) He lost his <u>right</u> eye a year ago.

(c) I'm going to prove my idea was <u>right</u>.

(d) A worker's <u>right</u> to health care should be respected.

내신서술형 > **04** **빈칸에 들어갈 말을 주어진 철자로 시작하여 알맞게 쓰시오. (한 단어)**

d _____

---

**lesson** 교훈; 수업 (시간)   **round** 둥근   **object** 물체   **clearly** 분명히   **right** 옳은 (↔ **wrong** 틀린, 잘못된); 오른쪽의   **straight away** 즉시, 곧
**neither** 둘 중 어느 것도 아닌

A long cold winter was making life very hard at the Ahimsa Ranch Animal Rescue. It had almost no food for its hungry animals. When Rosie and Timothy Black heard the news, they were very upset. They wondered what they could do to help. Ten-year-old Rosie and her older brother, Timothy, decided to turn their next birthday party into a fundraiser. Instead of gifts, they asked friends to bring money.

Their friends didn't like the idea at first. But as soon as Rosie told them about the animals, they changed their minds. That party <sup>03</sup> <u>raised</u> $600 for Ahimsa Ranch. Since then, they have raised money at other parties. When the 2004 tsunami hit, Rosie and Timothy had another fundraiser. They collected $500 and gave it to the Red Cross. The next year, they raised $350 for their local Boys and Girls Club.

Many of Rosie and Timothy's friends have turned their birthday parties into money-raising events, too. Rosie and Timothy still get presents from family members. But they always think about people who don't have as much as they do. Rosie and Timothy have spread <sup>04</sup> <u>the warmth of their birthday candles.</u>

\* fundraiser (기금) 모금 행사  \*\* tsunami 쓰나미, 해일
\*\*\* the Red Cross 적십자사

SUMMARY > 01 **Arrange the sentences in the right order to be a summary of the passage.**

(a) They asked their friends to bring money instead of presents for their birthday party.

(b) A long and hard winter had left the animal home with little food.

(c) Rosie and Timothy learned that a home for lost animals was having trouble.

(d) They raised a lot of money for the animals, and later, for other organizations, too.

**Ans:** _____

TITLE > 02 **Which of the following is the best title of the passage?**

① Friendship Is the Greatest Present of All

② A Brother and Sister Create a Home for Animals

③ How to Raise Money for Your Business

④ What's Better than Presents? Doing Good

⑤ The Ahimsa Ranch: Saving Animals Every Day

## Focusing on DETAILS

VOCABULARY > 03 **다음 중 본문의 raised의 뜻과 같은 것은?**

① A number of students raised their hands.

② Bart was born and raised in Mexico.

③ A concert was held to raise money for blind people.

④ My grandfather raises pigs and chickens.

⑤ John raised his hat and smiled at her.

DETAIL > 04 **Which of the following does the underlined the warmth of their birthday candles refer to?**

① 동물에 대한 사랑                    ② 가족의 사랑

③ 나누는 기쁨                        ④ 친구들과의 우정

⑤ 생일의 진정한 의미

---

upset 걱정되는; 속상한    wonder ~할까 생각하다; 궁금하다    turn A into B A를 B로 바꾸다    instead of ~ 대신에    as soon as ~하자마자
raise (돈을) 모으다; 들어 올리다    local 현지의, 지역의    present 선물; 현재의; 제공하다, 주다    spread 퍼뜨리다    warmth 온기    candle 양초

# 5

Once upon a time, there was a girl who couldn't control her bad behavior. When she got angry, Sandra yelled and kicked, and screamed at everyone around her. Her father gave her a hammer, a box of nails, and a block of wood, and told her, "Every time you lose control, go outside and [03] hit a nail into the wood." A few hours later, there were 10 nails in the wood.

Sandra hit [04] _____(a)_____ nails into the wood as days passed. She found it [04] _____(b)_____ to behave nicely. Finally, when she didn't lose control at all, she told her dad. He said, "That's great. Now, you can pull out one nail for each day when you are able to control yourself and behave nicely all day." At the end of most days, Sandra was able to pull out a nail. But on other days, she had to hit a nail or two in again. One day, there were no nails left in the block of wood. Sandra was proud of herself. She showed her father the block of wood.

Sandra's father said, "You have done well. I am very proud of you. It's great that you can control your anger most of the time.

But can you see the holes in the wood? They will always be there. When you say and do things in anger, you cause damage to others just

like you put holes in the wood. You can stick a needle into a person's body. You can remove the needle. You can be sorry. But the damage will still be there. Always behave well towards others, Sandra."

SUMMARY >    01    **Arrange the sentences in the right order to be a summary of the passage.**

(a) She was allowed to pull a nail out whenever she controlled her anger.

(b) Damage caused to others will never disappear, just like the holes in the wood.

(c) Her father made her hit a nail into some wood whenever she lost control.

(d) Sandra couldn't control her bad behavior.

**Ans:** _____

MAIN IDEA >    02    **Which of the following is the writer's main point?**

① Respect your parents.

② Say sorry for your faults.

③ Don't hurt others' feelings.

④ Help your parents with housework.

⑤ Always be honest about your feelings.

Focusing on DETAILS

VOCABULARY >    03    **다음 중 본문의 hit과 같은 뜻으로 쓰인 문장을 고르시오.**

(a) They sang a lot of old hits from the 70s and 80s.

(b) He fell down and hit his head on the rocks.

(c) A sudden idea hit her as she was watching him.

DETAIL >    04    **빈칸 (a), (b)에 알맞은 말로 가장 잘 짝지어진 것을 고르시오.**

|  | (a) | (b) |
|---|---|---|
| ① | fewer and fewer | harder and harder |
| ② | fewer and fewer | easier and easier |
| ③ | less and less | better and better |
| ④ | more and more | harder and harder |
| ⑤ | more and more | easier and easier |

---

once upon a time 옛날에    control (화 등을) 자제(하다); 조절(하다); 통제(하다)    behavior 행동 cf. behave 행동하다    yell 고함치다    scream 비명을 지르다    hammer 망치    nail 못    block (돌, 나무 등의) 덩어리, 토막    every time ((접속사적으로)) ~할 때마다    pull out 뽑다    be proud of 자랑스러워하다    anger 화    damage 상처, 손상    stick 꽂다; 찌르다    remove 제거하다, 없애다    **[선택지 어휘]** respect 존경하다    fault 잘못, 실수

# ▶ Grammar & Usage

| 01-05 | 다음 각 네모 안에서 어법에 맞는 표현으로 가장 적절한 것을 고르시오.

**01** "I like what / that you're wearing today!" said Nicky.

**02** After Damien and I had a big fight, Mrs. Clark made Damien stand / to stand on one side of her desk and me on the other.

**03** Ten-year-old Rosie and her older brother, Timothy, decided turning / to turn their next birthday party into a fundraiser.

**04** Sandra's father gave Sandra a hammer, a box of nails, and a block of wood / woods .

**05** Now, you can pull out one nail each day / days when you can control yourself.

| 06-09 | 다음 밑줄 친 부분이 어법상 올바르면 ○, 어색하면 ×로 표시하고 바르게 고치시오.

**06** My cat was covered with paper and ribbons and feathers. He must <u>play</u> in the wet glue.

**07** My family doesn't have a rooster. We do have a very noisy cat <u>naming</u> Rooster.

**08** I felt bad because neither of us <u>was</u> right or wrong.

**09** At the end of most days, Sandra was able to <u>pulling</u> out a nail.

| 10-11 | 다음 빈칸에 공통으로 들어갈 말을 고르시오.

**10**

• "Then, I know _____ you need," said Nicky.
• Mrs. Clark asked Damien to tell her _____ color it was.

① who          ② that          ③ what          ④ whose          ⑤ whom

**11**

• I was sure _____ I was right and he was wrong.
• It's great _____ you can control your anger most of the time.

① that          ② why          ③ what          ④ which          ⑤ if

# Real ENGLISH

조심히 다뤄주세요!

**Fragile**
**깨지기 쉬운**
깨지기 쉽거나 손상되기 쉬운 물건의
겉에는 이렇게 표시되어 있어요. 조심조심
다뤄야겠죠.

FRAGILE

HANDLE
WITH CARE

**Handle With Care**
**취급 주의**
마찬가지로 '조심해서 다루라'는
의미예요. handle은 동사로
'~을 다루다, 취급하다'란
뜻이 있어요.

memo

memo

**memo**

중학 서술형에 대비 하는 방법?! 영어 문장 쓰기를 잘 하는 방법?!

# 쓰작으로 시작!

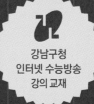

강남구청
인터넷 수능방송
강의 교재

- 중학 교과서 대표 문장 및 서술형
  핵심 문법 포인트 제시

- 체계적인 3단계 쓰기 연습
  순서배열 ▶ 빈칸완성 ▶ 내신기출

- 중학 14종 내신 서술형 평가
  유형 완전 분석

- 기출 포인트와 감점 포인트로
  오답이나 감점 피하기

## 🔍 한 페이지로 끝내는 서술형 대비! 쓰작

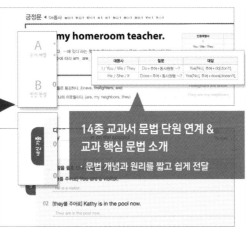

**체계적인 3단계 쓰기 훈련**
· 순서 배열 – 빈칸 완성 – 내신 기출
  실제 내신 기출 유형을
  반영한 문장들로
  효과적인 서술형 대비 가능

**14종 교과서 문법 단원 연계 &**
**교과 핵심 문법 소개**
· 문법 개념과 원리를 짧고 쉽게 전달

**감점포인트 & 기출 포인트**
· 틀리기 쉬운 표현과 시험에 자주
  나오는 문장 체크

쎄듀북닷컴(www.cedubook.com)에서 부가 자료를 무료로 다운로드할 수 있습니다.

CEDU BOOK
쎄듀

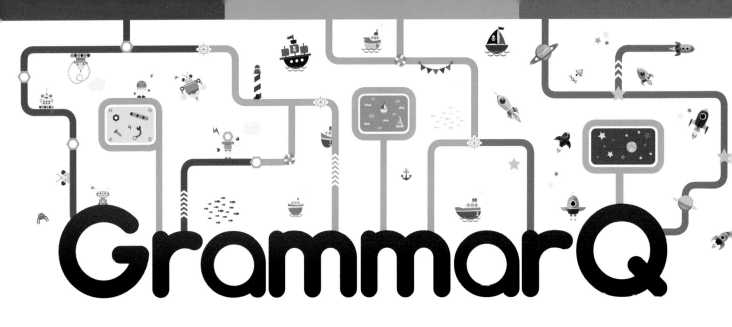

# GrammarQ

## 더 멀리, 더 높이! 내신 1등급을 향한
# 단계별 중등 영문법 교과서

전국 약 3,000개 중학교의 20,000여 개 내신 문제 분석!
완전 학습을 돕는 막강한 무료 부가 자료, 무료 MP3 파일 · 자습이 가능한 해설 등 총 8종 제공 (www.cedubook.com)

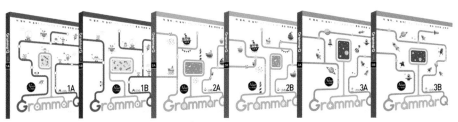

**72**
강남구청
인터넷 수능방송
강의 교재 선정

## 완전한 자기주도학습을 돕는 막강한 교재를
## 강남인강 열정쌤들의 명강과 함께 학습할 수 있습니다!

강남인강 신학기 인기강좌 영어부문 Grammar Q 시리즈 1,2,3위 석권!

"완강하면 이렇게 달라집니다!"

1. 영문법을 단순히 암기하는 것이 아니라 이해하여 내 것으로 체득하게 된다.

2. 예문을 통해 스스로 문법 규칙을 발견함으로써 문법에 흥미를 갖게 된다.

3. 다양한 문제유형풀이를 통해 문법에 자신감과 성정향상의 실력을 갖게 된다.

4. 문법으로 끝나는 것이 아니라 실생활에서 무리 없는 의사소통을 할 수 있다.

강의 안내 보기

쎄듀북닷컴(www.cedubook.com)에서 부가 자료를 무료로 다운로드할 수 있습니다.

CEDU BOOK 쎄듀

중학 내신
수험영어독해의
기초실력 다지기
리딩 플랫폼

READING
PLATFORM

101 NON-FICTION TEST-ORIENTED PASSAGES
WITH GUIDED SUMMARIZATION

1 / Intro

정답 및 해설

# READING PLATFORM

101 NON-FICTION TEST-ORIENTED PASSAGES
WITH GUIDED SUMMARIZATION

$1$ / Intro

# *Amazing Facts*

## Quick Check

| ❶ | ❷ | ❸ | ❹ | ❺ |
|---|---|---|---|---|
| 01. b | 01. e | 01. e | 01. f | 01. b |
| 02. e | 02. b | 02. c | 02. c | 02. d |
| 03. d | 03. d | 03. b | 03. a | 03. c |
| 04. a | 04. c | 04. a | 04. b | 04. g |
| 05. g | 05. a | 05. f | 05. e | 05. e |
| 06. f | | 06. d | 06. g | 06. a |
| 07. c | | | 07. d | 07. i |
| | | | | 08. h |
| | | | | 09. f |

---

## 1

| | | |
|---|---|---|
| Before Reading | (b) | 본문 p.12 |
| Getting the BIG PICTURE | 01 (b)  02 (a)  03 (c)  04 ② | |
| Focusing on DETAILS | 05 sleep  06 (a) matter (b) matters  07 ① | |

## 해설 & 해석

### Before Reading

독해에 앞서, 아래 제시된 단어와 구를 보세요.
잠, 자다 / 하룻밤에 8시간 / 휴식 / 잠자기
아마도 이 지문은 '(b) 잠'에 관한 내용일 것이다.
(a) 밤  (b) 잠

### Getting the BIG PICTURE

사람들은 살아가기 위해서 어느 정도의 잠이 01 (b) 필요하다.
(a) 원하다  (b) 필요하다  (c) 가지다
하지만, 02 (a) 전혀 잠을 자지 않은 남자가 한 명 있었다.
(a) 전혀  (b) 항상  (c) 가끔
그는 03 (c) 죽을 때까지 전혀 잠을 자지 않았다.
(a) 달렸다  (b) 시도했다  (c) 죽었다

04  평생 잠을 전혀 자지 않은 한 남자(Al Herpin)의 이야기이므로 글의
    주제는 ②.
    ① 잠을 자지 않으면 어떤 일이 생기는가
    ② 평생 전혀 잠을 자지 않은 한 남자
    ③ 충분한 잠을 자는 방법
    ④ 몇몇 사람들이 잠을 잘 자지 못하는 이유
    ⑤ 수면 연구의 역사

### Focusing on DETAILS

05  앞 문장에서 보통 사람들은 8시간 정도 잠을 자는 것을 좋아한다고
    (like to have about eight hours a night) 했고, 이어서 8시간
    을 기준으로 덜 잘 수도 더 잘 수도 있다는 내용이 나오므로 빈칸에 들
    어갈 말은 'sleep'이 되어야 한다.

06  '중요하다'는 의미를 가진 동사는 'matter'이다.
    (a)의 경우 빈칸 앞에 'doesn't'가 있으므로 농사원형 matter이,
    (b)는 what과 함께 절을 이루어야 하므로 단수형 동사인 matters가
    와야 한다.

07  의사와 전문가들이 그들의 믿음과는 달리 잠을 전혀 자지 않고도 살 수
    있는 사람이 있다는 것을 알고 놀랐다는 내용이므로 ① without
    sleeping(잠을 자지 않고)이 적절하다.
    ① 잠을 자지 않고
    ② 음식 없이
    ③ 소음과 함께
    ④ 아무런 도움 없이
    ⑤ 아무도 없이

¹Not everyone needs / the same amount of sleep. ²Most people like
모두가 (~을) 필요로 하는 것은 아니다          동일한 양의 수면을.          대부분의 사람들은 좋아한다

to have about eight hours / a night. ³Some people like to have
8시간 정도 자는 것을          하룻밤에.          어떤 사람들은 더 많이 자는 것을 좋아한다.

more. ⁴Others don't mind having less. ⁵It doesn't matter //
또 어떤 사람들은 더 적게 자도 괜찮다.          (~는) 중요하지 않다

how many hours you sleep each night. ⁶What matters is //
매일 밤 당신이 몇 시간을 자는지는.          중요한 것은

that you have to take some rest / to stay alive. ⁷However,
당신이 휴식을 취해야 한다는 것이다          살기 위해서는.          그러나,

at least one man never needed any rest. ⁸Al Herpin was 90 //
적어도 한 사람에게는 휴식이 전혀 필요하지 않았다.          알 헐핀은 90세였다

when doctors and experts came to his New Jersey home.
의사와 전문가들이 뉴저지에 있는 그의 집을 찾아왔을 때.

⁹They didn't believe // that a person could live / without sleeping.
그들은 믿지 않았다          사람이 살 수 있다는 것을          잠자지 않고.

¹⁰But they were surprised. ¹¹They watched Al Herpin / 24 hours
그러나 그들은 놀랐다.          그들은 알 헐핀을 관찰했는데          하루에 24시간 동안

a day / for a week, // and they never saw him sleeping.
일주일간          그들은 그가 자는 것을 한 번도 보지 못했다.

¹²He didn't even own a bed. ¹³He sat in his rocking chair //
그는 심지어 침대도 갖고 있지 않았다.          그는 흔들의자에 앉아서

and read newspapers // while other people were sleeping.
신문을 읽었다          다른 사람들이 자는 동안.

¹⁴When he died at the age of 90, // people saw him lying down /
그가 90세의 나이로 죽었을 때.          사람들은 그가 누워있는 것을 보았다

for the first time ever.
처음으로

¹모두가 동일한 양의 수면을 필요로 하는 것은 아니다. ²대부분의 사람들은 하룻밤에 8시간 정도 자는 것을 좋아한다. ³어떤 사람들은 더 많이 자는 것을 좋아한다. ⁴또 어떤 사람들은 더 적게 자도 괜찮다. ⁵매일 밤 당신이 몇 시간을 자는지는 중요하지 않다. ⁶중요한 것은 당신이 살기 위해서는 휴식을 취해야 한다는 것이다. ⁷그러나 적어도 한 사람에게는 휴식이 전혀 필요하지 않았다. ⁸의사와 전문가들이 뉴저지에 있는 알 헐핀의 집을 찾아왔을 때, 그는 90세였다. ⁹그들은 사람이 잠자지 않고 살 수 있다는 것을 믿지 않았다. ¹⁰그러나 그들은 놀랐다. ¹¹그들은 알 헐핀을 일주일간 하루 24시간 관찰했는데, 그들은 그가 자는 것을 한 번도 보지 못했다. ¹²그는 심지어 침대도 갖고 있지 않았다. ¹³다른 사람들이 자는 동안 그는 흔들의자에 앉아서 신문을 읽었다. ¹⁴그가 90세의 나이로 죽었을 때, 사람들은 처음으로 그가 누워있는 것을 보았다.

구문해설

5  It *doesn't matter* **how many hours** you sleep each night.
   가주어                            진주어
   ▶ how many hours가 이끄는 절을 주어로 해석한다. 「It doesn't matter ~」는 '~은 중요하지 않다'란 뜻.

6  **What matters is that** you have to take some rest to stay alive.
   S          V                    C
   ▶ What matters가 주어, is가 동사, that 이하는 보어이다. '중요한 것은 that 이하이다'란 뜻.

11  ~, and they never **saw** him **sleeping**.
                       V    O    C
   ▶ 여기서 see는 '~가 …하는 것을 보다'란 뜻으로 「see+목적어+-ing」 구조.

## 해설 & 해석

### Before Reading

독해에 앞서, 아래 제시된 단어와 구를 보세요.

거울 문자 / 오른쪽에서 왼쪽으로 썼다 / 이런 방식으로 썼다 / 그의 글자를 더 잘 보이게 하다

아마도 이 지문은 '(a) 쓰기, 글자'에 관한 내용일 것이다.

(a) 쓰기, 글자 (b) 거울

### Getting the BIG PICTURE

레오나르도 다 빈치가 거울 문자를 사용한 데에는 <u>세 가지 가능한 이유</u>가 있다.

이유 1. 다른 사람들로부터 그의 01 (b) 생각을 지켜내기 위해서

    (a) 힘 (b) 생각 (c) 부

이유 2. 교회로부터 02 (a) 안전하게 지내기 위해서

    (a) 안전하게 지내다 (b) 도움을 얻다 (c) 이야기를 듣다

이유 3. 잉크가 종이를 03 (c) 더러워 보이게 하는 것을 막기 위해서

    (a) 오래된 (b) 진짜의 (c) 더러운

04 레오나르도 다 빈치가 사용한 글쓰기 방법에 대해 이야기한 후에 왜 그런 방식을 썼는지에 대한 여러 가지 가능한 이유에 대한 내용이 나오므로 정답은 ④.

① 레오나르도 다 빈치가 글을 쓰는 방식을 바꾼 방법

② 왼손잡이들을 위한 새롭고 재미있는 글 쓰는 방법

③ 레오나르도 다 빈치의 놀라운 발명품들

④ 레오나르도 다 빈치가 거울 문자를 사용한 이유

⑤ 거울 문자를 잘 쓰게 되는 방법

### Focusing on DETAILS

05 많은 사람들이 레오나르도 다 빈치를 안다는 내용이 나오고, 'But'으로 문장이 이어지므로 그를 아는 사람은 많지만 그가 사용했던 특정한 글쓰기 방식을 아는 사람은 거의 없다는 내용이 이어지는 것이 자연스럽다. 정답은 (a) few.

(a) 거의 없는 (b) 약간의

06 거울 문자는 거울을 통해 보아야만 제대로 읽히도록 거꾸로 쓰인 형태이므로 정답은 (a).

07 레오나르도 다 빈치가 피하고자 했던 'this problem'이 가리키는 것은 앞부분에 언급된 '왼쪽에서 오른쪽으로 글을 쓸 경우 왼손잡이의 경우 새로 쓴 잉크를 문지르는 것'이다.

### 직독직해

¹Most people know // that Leonardo da Vinci was a great painter,
대부분 사람들은 알고 있다     레오나르도 다 빈치가 위대한 화가,

scientist, mathematician, and musician. ²But few people know /
과학자, 수학자 그리고 음악가였다는 것을.     그러나 아는 사람은 거의 없다

about his 'mirror writing.' ³In  his private notebooks, / da Vinci wrote
그의 '거울 문자'에 관해.     그의 개인 노트에     다빈치는

from right to left. ⁴Even if you understand Italian, // you have to
오른쪽에서 왼쪽으로 글을 썼다.     당신이 비록 이탈리아어를 알고 있더라도,

look at the writing through a mirror / to read it easily.
거울을 통해 글을 봐야 한다     쉽게 읽기 위해서는.

⁵That's why // it's called mirror writing. ⁶Why did Leonardo da Vinci
이것이 바로 (~인) 이유다   그의 글쓰기가 거울 문자라고 불리는.     레오나르도 다 빈치는 왜

use mirror writing? ⁷Maybe he didn't want people to steal /
거울 문자를 사용했을까?     아마도 그는 사람들이 훔쳐가는 것을 원치 않았을 것이다

his private ideas. ⁸Maybe he was afraid // that the Roman Catholic
그의 개인적인 아이디어를.     두려워했을 수도 있다     로마 가톨릭 교회가

Church would kill him // because his ideas were different from theirs.
그를 죽일 것을     그의 생각이 교회의 생각과 달랐기 때문에.

### 해석

¹대부분 사람들은 레오나르도 다 빈치가 위대한 화가, 과학자, 수학자 그리고 음악가였다는 것을 알고 있다. ²그러나 그의 '거울 문자'에 관해 아는 사람은 거의 없다. ³다빈치는 개인 노트에 오른쪽에서 왼쪽으로 글을 썼다. ⁴당신이 비록 이탈리아어를 알고 있더라도, 거울을 통해 글을 봐야 쉽게 읽을 수 있다. ⁵이것이 바로 그의 글쓰기가 거울 문자라고 불리는 이유다. ⁶레오나르도 다 빈치는 왜 거울 문자를 사용했을까? ⁷아마도 그는 사람들이 그의 개인적인 아이디어를 훔쳐가는 것을 원치 않았을 것이다. ⁸그의 생각이 교회의 생각과 달랐기 때문에 로마 가톨릭 교회가 그를 죽일 것을 두려워했을 수도 있다. ⁹아니면 글이 더 잘 보이게 하려고 이러한 방식으로 썼는지도 모른다! ¹⁰레오나르도는 왼손잡이였다. ¹¹그런데 잉크로 왼쪽에서 오른쪽으로 글을 쓰는 것은 왼손잡이에게 힘든

<sup>9</sup>Or maybe he wrote this way / to make his writing clearer!
아니면 이러한 방식으로 썼는지도 모른다          글이 더 잘 보이게 하려고!

<sup>10</sup>Leonardo was left-handed. <sup>11</sup>But writing with ink from left to right /
레오나르도는 왼손잡이였다.          그런데 잉크로 왼쪽에서 오른쪽으로 글을 쓰는 것은

is difficult for a 'lefty.' <sup>12</sup>As the left hand is writing, // it moves //
왼손잡이에게 힘든 일이다.          왼손으로 글을 쓰면,          손이 움직이면서

and rubs against the freshly written ink.
새로 쓰인 잉크를 문지른다.

<sup>13</sup>Leonardo da Vinci may have written from right to left / to avoid
어쩌면 레오나르도 다 빈치는 오른쪽에서 왼쪽으로 글을 썼는지도 모른다

this problem.
이러한 문제를 피하려고

일이다. <sup>12</sup>왼손으로 글을 쓰면, 손이 움직이면서 새로 쓰인 잉크를 문지른다. <sup>13</sup>어쩌면 레오나르도 다 빈치는 이러한 문제를 피하려고 오른쪽에서 왼쪽으로 글을 썼는지도 모른다.

## 구문해설

2   But **few** people know about his 'mirror writing.'
   ▶ 여기서 few는 '거의 없는'이란 뜻으로 '부정'의 의미로 쓰였다.

13   Leonardo da Vinci **may have written** from right to left to avoid this problem.
   ▶ 「may have p.p.」는 '어쩌면 ~였을지도 모른다'란 뜻으로 '과거에 대한 불확실한 추측'을 나타낸다.

---

**3**

Before Reading          (a)                                                                 본문 p.16
Getting the BIG PICTURE   01 (c)  02 (a)  03 (b)  04 ⑤
Focusing on DETAILS       05 ③  06 (b)  07 그것은 그가 21세였을 때 키의 두 배이다.

---

## 해설 & 해석

### Before Reading

독해에 앞서, 아래 제시된 단어와 구를 보세요.
더 키 작은 / 키가 큰 / 자랐다 / 두 배 더 키가 큰
아마도 이 지문은 '(a) 사람의 키'에 관한 내용일 것이다.
(a) 한 사람의 키  (b) 한 사람의 삶

### Getting the BIG PICTURE

아담 라이너의 이야기는 의학 역사상 놀라운 일이었다.
그는 21세 때 키가 아주 작았다.
20대 때, 그는 01 (c) 빠른 속도로 자랐다.
(a) 느린  (b) 비슷한  (c) 빠른
32세 때 그는 이미 믿기 어려울 정도로 02 (a) 키가 컸다.
(a) 키 큰  (b) 유명한  (c) 똑똑한
그는 키가 234cm였을 때 03 (b) 거인으로 생을 마감했다.
(a) 환자  (b) 거인  (c) 소년

04  지문에 가장 적절한 제목을 고르는 문제이다. 어릴 때는 난쟁이라고 불릴 정도로 키가 작았지만, 성인이 되어 엄청난 성장을 하여 거인이 된 아담 라이너에 관한 이야기이므로 정답은 ⑤.

① 거인과 난쟁이의 역사
② 아담 라이너로부터 우리가 배운 것
③ 성장은 신체에 어떤 영향을 주는가
④ 몸집이 큰 것과 작은 것 중 어느 것이 더 나은가?
⑤ 난쟁이였고 또 거인이었던 아담 라이너

### Focusing on DETAILS

05  그는 죽을 때까지 아팠고 침대에 누워있어야만 했으므로 그의 병을 무엇이 낫게 했는지는 언급되지 않았다. 정답은 ③.
① 그가 태어난 장소와 해
② 그가 언제 놀랍도록 빠르게 성장했는지
③ 무엇이 그의 병을 낫게 했는지
④ 그가 왜 아팠는지
⑤ 그가 죽었을 때의 키

06  dwarf라는 단어 바로 다음에 나오는 문장(It means ~ normal.)이 그 뜻풀이에 해당한다. '보통 사람보다 키가 훨씬 작은 사람'을 뜻한다고 했으므로 정답은 난쟁이.

07  「twice as ~ as ...」의 구조로 '...의 두 배만큼 ~한'이란 뜻.

¹Adam Rainer was born in Austria in 1899. ²He is an amazing human /
아담 라이너는 1899년 오스트리아에서 태어났다.　　　그는 놀라운 사람이다

in medical history. ³When he was a young boy, / he was much
의학 역사에서.　　　그가 어린 소년일 때.　　　그는 키가 훨씬 더 작았다

shorter / than other boys of the same age. ⁴Even at the age of 21,
같은 나이의 다른 소년들보다.　　　21세 때에도,

he was only 118cm tall. ⁵Doctors said Adam Rainer was officially
그는 겨우 118cm이었다.　　　의사들은 아담 라이너가 공식적으로 난쟁이라고 말했다.

a dwarf. ⁶It means / a person who is much shorter than normal.
난쟁이는 뜻한다　　　보통 사람보다 키가 훨씬 더 작은 사람을.

⁷But Adam suddenly started growing taller. ⁸He grew at an amazing
그러나 아담은 갑자기 키가 자라기 시작했다.　　　그는 20대 내내 놀라운 속도로 자랐다

speed throughout his twenties / without any signs of stopping.
멈출 기미도 없이

⁹By his thirty-second birthday, / he was unusually tall: 218cm tall!
32번째 생일이 되었을 때.　　　그는 매우 키가 컸다. 218cm였던 것이다!

¹⁰But Adam was very sick. ¹¹He had grown too much too quickly.
그러나 아담은 매우 아팠다.　　　그는 너무 빨리 너무 많이 자랐던 것이다.

¹²It made his body very tired and weak. ¹³He could not even
이 때문에 그의 몸은 지치고 약해졌다.　　　그는 침대에서 일어날 수조차 없었다.

get out of bed. ¹⁴He stayed in bed // until he died on March 4, 1950,
그는 침대에서 지냈다　　　1950년 3월 4일, 51세의 나이로 죽을 때까지.

aged 51. ¹⁵At the time of his death, / he was 234cm tall.
그가 죽을 때.　　　그의 키는 234cm였다.

¹⁶That's twice as tall as he was at age 21. ¹⁷Adam Rainer is the
그것은 그가 21세였을 때 키의 두 배이다.　　　아담 라이너는

only person in medical history // who was both a dwarf and a giant.
의학 역사상 유일한 사람이다　　　난쟁이이자 동시에 거인이었던.

¹아담 라이너는 1899년 오스트리아에서 태어났다. ²그는 의학 역사에서 놀라운 사람이다. ³그가 어린 소년일 때, 그는 같은 나이의 다른 소년들보다 키가 훨씬 더 작았다. ⁴21세 때에도, 그는 겨우 118cm이었다. ⁵의사들은 아담 라이너가 공식적으로 난쟁이라고 말했다. ⁶난쟁이는 보통 사람보다 키가 훨씬 더 작은 사람을 뜻한다. ⁷그러나 아담은 갑자기 키가 자라기 시작했다. ⁸그는 멈출 기미도 없이 20대 내내 놀라운 속도로 자랐다. ⁹32번째 생일이 되었을 때, 그는 매우 키가 컸다. 218cm였던 것이다! ¹⁰그러나 아담은 매우 아팠다. ¹¹그는 너무 빨리 너무 많이 자랐던 것이다. ¹²이 때문에 그의 몸은 지치고 약해졌다. ¹³그는 침대에서 일어날 수조차 없었다. ¹⁴그는 1950년 3월 4일, 51세의 나이로 죽을 때까지 침대에서 지냈다. ¹⁵그가 죽을 때, 그의 키는 234cm였다. ¹⁶그것은 그가 21세였을 때 키의 두 배이다. ¹⁷아담 라이너는 의학 역사상 난쟁이이자 동시에 거인이었던 유일한 사람이다.

## 구문해설

12　It **made** *his body* very tired and weak.
　　　　‾V‾　‾‾O‾‾　　　‾‾‾‾‾C‾‾‾‾‾
　　▶ 여기서 make는 '~을 …하게 하다'란 의미로 「make+목적어+형용사」의 구조.

| **4** | Before Reading | (b) | | | 본문 p.18 |
|---|---|---|---|---|---|
| | Getting the BIG PICTURE | 01 (a) | 02 (b) | 03 (c) 04 ① | |
| | Focusing on DETAILS | 05 ⑤ | 06 (b) | 07 (a) | |

## 해설 & 해석

### Before Reading

지문의 처음 두 문장을 읽어보세요.
아마도 이 지문은 '(b) 인간 도서관'에 관한 내용일 것이다.
(a) 한 단순한 생각  (b) 인간 도서관

### Getting the BIG PICTURE

인간 도서관은 한 단순한 생각을 기반으로 한다.
그것은 01 (a) 사람을 빌려준다.
(a) 사람  (b) 책  (c) 장난감
그것은 모르는 사람들에 대한 우리의 태도를 더 좋게 02 (b) 변화시키는 것을 희망한다.
(a) 결정하다  (b) 변화시키다  (c) 보여주다
그것은 우리에게 가능한 03 (c) 오해에 관해 이야기하고 정리해볼 기회를 준다.
(a) 우정  (b) 어려움  (c) 오해
04 평소에 만나기 어려운 사람들을 빌려주는 인간 도서관에 관한 내용이

므로 정답은 ①.
① 특이한 사람들을 빌려주는 도서관
② 다른 부류의 사람들을 만나는 것
③ 점점 커지는 사람들 간의 이해
④ 비슷한 관심사를 지닌 사람들과 만나는 방법
⑤ 전 세계적으로 도서관은 어떻게 변화하고 있는가

### Focusing on DETAILS

05 평소에 잘 만날 수 없는 사람들과의 만남을 통해 서로 간의 이해와 친목을 도모하는 것이 목적이므로 정답은 ⑤.

06 prejudices가 쓰인 문장(The aim ~ in society.)에서 사회 구성원들 간의 친목을 도모하기 위해서 prejudices를 깨는 것이 바람직하다는 것을 알 수 있으므로 (b) '부정적'인 의미를 지닌다.

07 밑줄 친 The 'book'이 가리키는 것은 인간 도서관에서 대여되는 사람들을 의미하므로 정답은 (a).
(a) 대여되는 사람  (b) 독자들 간의 대화  (c) 인간 도서관의 규율

## 직독직해

¹Have you ever heard about the Human Library? ²The idea is simple.
인간 도서관에 대해 들어본 적 있는가?　　이 생각은 간단하다.

³You can borrow people / instead of books! ⁴The people you borrow /
당신은 사람을 빌릴 수 있는 것이다　책 대신에!　당신이 빌리는 사람은

even have stamps on their faces, / just like books. ⁵The first Human
얼굴에 도장까지 찍혀 있다　(도서관의) 책처럼.　최초의 인간 도서관은

Library was created in 2000 / at a festival in Denmark. ⁶The aim is /
2000년에 생겼다　덴마크의 한 축제에서.　(인간 도서관의) 목적은

to break down prejudices and to create understanding and friendships /
편견을 깨고 이해와 친목을 도모하는 것이다

in society. ⁷The people you can borrow from the Human Library are /
사회적으로.　당신이 인간 도서관에서 빌릴 수 있는 사람은

those whom you might not normally meet. ⁸They include wheelchair
당신이 평소에는 만날 수 없는 사람들이다.　휠체어 이용자,

users, the homeless, and gang members. ⁹The 'book' and the borrower
노숙자, 폭력단원이 여기에 포함된다.　'책(인간 도서관에서 빌려주는 사람)'과 빌리는 사람은

have 30 minutes / to talk to each other. ¹⁰Since 2000, the Human
30분의 시간을 갖는다　서로 이야기를 나누기 위해　2000년 이래로 인간

Library has opened its doors / in many countries.
도서관이 개관하고 있다　많은 나라에서.

## 해석

¹인간 도서관에 대해 들어본 적 있는가? ²이 생각은 간단하다. ³당신은 책 대신에 사람을 빌릴 수 있는 것이다! ⁴당신이 빌리는 사람은 (도서관의) 책처럼 얼굴에 도장까지 찍혀 있다. ⁵최초의 인간 도서관은 2000년에 덴마크의 한 축제에서 생겼다. ⁶(인간 도서관의) 목적은 사회적으로 편견을 깨고 이해와 친목을 도모하는 것이다. ⁷당신이 인간 도서관에서 빌릴 수 있는 사람은 당신이 평소에는 만날 수 없는 사람들이다. ⁸휠체어 이용자, 노숙자, 폭력단원이 여기에 포함된다. ⁹'책(인간 도서관에서 빌려주는 사람)'과 빌리는 사람은 30분의 시간을 갖고 서로 이야기를 나눈다. ¹⁰2000년 이래로 많은 나라에서 인간 도서관이 개관하고 있다.

## 구문해설

7    The people [(that) you can borrow from the Human Library] are those [whom you might not normally
　　 S　　　　　　　　　　　　　　　　　　　　　　　　　　　　　　　 V　　　 C

meet].

▶ that절(you ~ Library)이 The people을 꾸며 주어가 길어진 구조. whom이 이끄는 관계사절이 앞의 those를 수식하고 있다. 여기서 those는 앞의 The people을 대신한다.

10 **Since** 2000, the Human Library **has opened** its doors in many countries.
▶ Since는 '~ 이래로'란 뜻으로, 현재완료(have[has] p.p.)와 자주 쓰인다. '~ 이래로 지금까지 … 해오다'의 뜻.

---

**5**  Before Reading      (a)                                                본문 p.20
   Getting the BIG PICTURE    01 (b)   02 (c)   03 (a)   04 ①
   Focusing on DETAILS       05 ①   06 (b)

## 해설 & 해석

### Before Reading

지문의 처음 세 문장을 읽어보세요.
아마도 이 지문은 '(a) 애완용 바퀴벌레를 키우는 것'에 관한 내용일 것이다.
(a) 애완용 바퀴벌레를 키우는 것  (b) 애완동물과 함께 사는 것

### Getting the BIG PICTURE

애완용 바퀴벌레를 키우는 것은 흥미롭고 쉽다.
이유 1. 일반 바퀴벌레와는 달리, 애완용 바퀴벌레는 01 (b) 날지 못한다.
    (a) 냄새 맡다  (b) 날다  (c) 자다
이유 2. 애완용 바퀴벌레는 생각보다 훨씬 02 (c) 더 깨끗하다.
    (a) 더 작은  (b) 더 늙은  (c) 더 깨끗한
이유 3. 애완용 바퀴벌레는 특별한 음식도, 03 (a) 자주 먹을 필요도 없다.
    (a) 자주  (b) 밤에  (c) 건강하게

04 애완용 바퀴벌레를 키우는 것이 왜 흥미롭고 쉬운지를 설명하는 내용이므로 글의 주제는 ①.

① 애완용 바퀴벌레를 키우는 것의 장점
② 바퀴벌레에 대한 오해들
③ 바퀴벌레를 애완용으로 만드는 방법
④ 나와 맞는 애완동물을 고르는 방법
⑤ 애완동물이 요즘 그토록 인기를 끄는 이유

### Focusing on DETAILS

05 빈칸 앞에 애완용 바퀴벌레는 날개가 없다(a pet cockroach doesn't have wings)는 내용이 나오고 이어지는 절에서 날지 못한다는 '결과'가 나오므로 '그래서'라는 뜻의 so가 적절.
① 그래서  ② 하지만  ③ 왜냐하면  ④ ~에도 불구하고  ⑤ ~ 전에

06 discipline이 나온 바로 다음 문장이 For example로 시작하며 예를 들고 있다. 이름을 부르면 온다는 내용이 예로 나왔으므로 'train(훈련하다)'과 비슷한 뜻임을 알 수 있다.
(a) 듣다  (b) 훈련하다  (c) 만지다

---

### 직독직해

¹Do you want to have a pet? ²Many people want one. ³But if you live
  애완동물을 기르고 싶은가?      많은 사람이 애완동물을 (기르길) 원한다.

in a very small place // or your parents don't like to have a dog or
그러나 당신이 매우 좁은 데서 산다면.        또는 부모님이 개나 고양이를 싫어하신다면.

a cat, // you can have a cockroach! ⁴Some people like to keep pet
    바퀴벌레를 기르면 된다!       일부 사람들은 애완용 바퀴벌레를 기르는 걸 좋아한다.

cockroaches. ⁵It may sound strange to you. ⁶But their owners say //
         이상한 얘기처럼 들릴 수도 있다.       그러나 바퀴벌레 주인들은 말한다

they are interesting and easy to care for. ⁷Don't think of the dirty
     바퀴벌레는 흥미롭고 기르기도 쉽다고.     집 안의 더러운 바퀴벌레를 생각하지 마라.

cockroaches in your house. ⁸A pet cockroach is not like those ones.
                애완용 바퀴벌레는 그런 것들과는 같지 않다.

⁹For one thing, / a pet cockroach doesn't have wings, // so it can't
  한 가지 예를 들자면       애완용 바퀴벌레는 날개가 없다      그래서 날지 못한다.

fly. ¹⁰And it isn't dirty. ¹¹But best of all is // that you can discipline it.
  그리고 지저분하지도 않다.    그러나 가장 좋은 것은     당신이 바퀴벌레를 훈련할 수 있다는 것이다.

### 해석

¹애완동물을 기르고 싶은가? ²많은 사람이 애완동물을 (기르길) 원한다. ³그러나 당신이 매우 좁은 데서 살거나 부모님이 개나 고양이를 싫어하신다면, 바퀴벌레를 기르면 된다! ⁴일부 사람들은 애완용 바퀴벌레를 기르는 걸 좋아한다. ⁵이상한 얘기처럼 들릴 수도 있다. ⁶그러나 바퀴벌레 주인들은 바퀴벌레가 흥미롭고 기르기도 쉽다고 말한다. ⁷집 안의 더러운 바퀴벌레를 생각하지 마라. ⁸애완용 바퀴벌레는 그런 것들과는 같지 않다. ⁹한 가지 예를 들자면, 애완용 바퀴벌레는 날개가 없어서 날지 못한다. ¹⁰그리고 지저분하지도 않다. ¹¹그러나 가장 좋은 것은 당신이 바퀴벌레를 훈련할 수 있다는 것이다. ¹²예를 들어, 당신이 바퀴벌레의 이름을 부르면, 바퀴벌레는 당신에게 올 것이다. ¹³애완용 바퀴

<sup>12</sup>For example, / it will come to you // when you call its name.
예를 들어,　　　바퀴벌레는 당신에게 올 것이다　　　당신이 바퀴벌레의 이름을 부르면.

<sup>13</sup>Pet cockroaches can eat anything, / like vegetables, bread, and even
애완용 바퀴벌레는 무엇이든 먹을 수 있다　　　　　　　　채소, 빵, 심지어 개 사료까지도.

dog food. <sup>14</sup>You only have to feed them once / every three days!
　　　　　　당신은 바퀴벌레들에게 먹이를 한 번만 주면 된다　　　　3일마다

<sup>15</sup>For water, / place a wet cotton ball in a small dish. <sup>16</sup>That's all!
물을 주려면,　　　작은 접시에 물로 적신 솜덩이를 두라.　　　그것이 전부이다!

벌레는 채소, 빵, 심지어 개 사료까지도 무엇이든 잘 먹는다. <sup>14</sup>당신은 바퀴벌레에게 3일에 한 번씩만 먹이를 주면 된다! <sup>15</sup>물을 주려면, 작은 접시에 물로 적신 솜덩이를 두라. <sup>16</sup>그것이 전부이다!

## 구문해설

5　It may **sound strange** to you.
　　▶ 「sound+형용사」는 '~하게 들리다'란 뜻.

14　You only have to feed them once **every three days!**
　　▶ 「every+복수명사」는 '~에 한 번씩, ~마다'란 뜻. e.g. every four years (4년에 한 번씩)

## Grammar & Usage
본문 p.22

| | | | | |
|---|---|---|---|---|
| **01** is | **02** who | **03** interesting | **04** sleep | **05** ○ |
| **06** ○ | **07** × → that | **08** × → amazing | **09** ③ | **10** ② |
| **11** ② | | | | |

**01** **is** | 잉크로 왼쪽에서 오른쪽으로 글을 쓰는 것은 왼손잡이에게 힘든 일이다.
해설 동명사구 Writing ~이 문장의 주어로 쓰였으므로 단수 동사 is가 적절.

**02** **who** | 21세 때에도, 아담 라이너는 겨우 118cm였다. 그러나 그가 죽을 때, 그의 키는 234cm였다. 그는 의학 역사상 난쟁이이자 동시에 거인이었던 유일한 사람이다.
해설 문맥상 관계대명사의 선행사는 사람(the only person)이므로 관계대명사 who가 적절.

**03** **interesting** | 일부 사람들은 애완용 바퀴벌레를 기르는 걸 좋아한다. 바퀴벌레 주인들은 바퀴벌레가 흥미롭고 기르기도 쉽다고 말한다.
해설 바퀴벌레가 흥미로운 감정을 느끼게 만드는 능동의 뜻이므로 현재분사 interesting이 적절.

**04** **sleep** | 의사와 전문가들은 일주일간 알 헐핀이 자는 것을 한 번도 보지 못했다.
해설 지각동사(saw)의 목적격 보어 자리이므로 원형부정사 sleep이 적절.

**05** ○ | 왼손으로 글을 쓰면, 손이 움직이면서 새로 쓰인 잉크를 문지른다.
해설 형용사(written)를 꾸며주므로 부사인 freshly가 적절.

**06** ○ | 최초의 인간 도서관은 2000년에 덴마크의 한 축제에서 생겼다.
해설 주어인 도서관이 '생겼다'는 의미이므로 수동태인 was created가 적절.

**07** × → **that** | 의사와 전문가들이 뉴저지에 있는 알 헐핀의 집을 찾아왔을 때, 그들은 사람이 잠자지 않고 살 수 있다는 것을 믿지 않았다.
해설 앞에 선행사가 없고 a person 이하가 완전한 절이므로 접속사 that이 적절.

**08** × → **amazing** | 아담 라이너는 멈출 기미도 없이 20대 내내 놀라운 속도로 자랐다.
해설 그의 성장 속도가 놀라는 감정을 느끼게 하므로 현재분사인 amazing이 적절.

**09** ③ | 어떤 사람들은 더 많이 자는 것을 좋아한다. 또 어떤 사람들은 더 적게 자도 괜찮다.
해설 막연한 다수 중 몇몇(some)을 제외한 다른 일부를 가리키므로 Others가 적절.

**10** ② | 다빈치는 개인 노트에 오른쪽에서 왼쪽으로 글을 썼다. 당신이 비록 이탈리아어를 알고 있더라도, 거울을 통해 글을 봐야 쉽게 읽을 수 있다.
해설 동사(read)를 꾸며주므로 부사인 easily가 적절.

**11** ② | 아담 라이너가 어린 소년일 때, 그는 같은 나이의 다른 소년들보다 키가 훨씬 더 작았다.
해설 비교급(shorter)을 수식하는 자리이므로 much가 적절.

## Quick Check

본문 p.24

| ❶ | ❷ | ❸ | ❹ | ❺ |
|---|---|---|---|---|
| 01. c | 01. b | 01. e | 01. e | 01. c |
| 02. d | 02. c | 02. f | 02. c | 02. d |
| 03. g | 03. f | 03. a | 03. a | 03. e |
| 04. f | 04. e | 04. b | 04. d | 04. f |
| 05. e | 05. a | 05. d | 05. b | 05. a |
| 06. b | 06. d | 06. c | 06. f | 06. b |
| 07. a | | | | |
| 08. h | | | | |

**1**

Before Reading　　　　　　　(b)　　　　　　　　　　　　　　　　본문 p.26
Getting the BIG PICTURE　01 (b)　02 (a)　03 (c)　04 (b)　05 ②
Focusing on DETAILS　　　06 ④　07 ②

## 해설 & 해석

### Before Reading

지문의 처음 세 문장을 읽어보세요.
아마도 이 지문은 '(b) 어두운 식당'에 관한 내용일 것이다.
(a) 식당 손님들　(b) 어두운 식당

### Getting the BIG PICTURE

스위스에 The Blind Cow라는 한 식당이 있다.
식당 안에는 01 (b) 빛이 없다.
(a) 손님　(b) 빛　(c) 가구
식당의 종업원들은 02 (a) 시각장애인이다.
(a) 시각장애인　(b) 시간이 없는　(c) 도움이 되는
식당은 시각장애인에게 03 (c) 일자리를 제공해준다.
(a) 요리　(b) 좌석　(c) 일자리
식당은 앞이 보이는 사람들에게 시각장애인의 세계를 04 (b) 이해할 기회를
준다.
(a) 보여주다　(b) 이해하다　(c) 구하다

05　앞이 보이는 사람들에게 시각장애인이 된다는 것이 어떤 느낌인지 알려
　　주고자 한 시각장애인이 연 식당에 관한 이야기이므로 정답은 ②.

① 음식을 완전히 즐길 수 있는 더 좋은 방법
② 사람들이 앞이 보이지 않는 것을 경험해볼 수 있는 식당
③ 시각장애인의 삶은 어떠한가
④ 시각장애인들이 직면한 어려움
⑤ 한 시각장애인의 훌륭한 생각

### Focusing on DETAILS

06　시각장애인들에게는 일자리를 제공하고, 앞을 볼 수 있는 사람들에게
　　는 시각장애인으로 산다는 것이 어떠한 느낌인지를 깨닫게 하고자 떠
　　올린 아이디어는 깜깜한 식당을 열기로 한 것이므로 정답은 ④.
① 발에 종 달기
② 완전한 침묵 속에서 먹기
③ 시각장애인을 위한 식당 운영하기
④ 실내가 완전히 깜깜한 식당 열기
⑤ 음식에 더 집중하기

07　여러 가지의 감각 중 음식에 집중하는 데에 필요한 감각은 미각이므로
　　정답은 ②.
① 가격　② 맛　③ 크기　④ 스타일　⑤ 이름

¹In 1999, a blind man named Jorge Spielmann / opened a restaurant in
　　1999년, 시각장애인인 조르제 스필만이라는 사람은　　　　　스위스에서 레스토랑을 열었다

Switzerland / called *The Blind Cow*. ²The restaurant is completely dark
　The Blind Cow라는 이름의.　　　　　　그 레스토랑의 내부는 완전히 어둡다

inside, // and its waiters are blind. ³Customers are led to their tables /
　　　　　그리고 웨이터들은 시각장애인이다.　　　　손님들은 테이블로 안내받는다

in total darkness. ⁴Waiters wear bells on their feet // so you can hear
완전한 어둠 속에서.　　　웨이터들은 발에 종을 달고 다닌다　　　당신이 그들이 다가오는 소리를

them coming. ⁵Only the toilets in the restaurant have lights.
들을 수 있도록.　　　　　　　그 레스토랑은 화장실에만 불빛이 있다.

⁶The idea has a serious purpose — to give blind people work, / and
　이런 생각에는 중요한 목적이 있다　　　시각장애인들에게는 일자리를 제공하는 것

at the same time to teach sighted people // what it is like to be blind.
　그리고 동시에 앞을 볼 수 있는 사람들에게는 깨닫게 하는 것　　시각장애인이 되는 것이 어떠한 느낌인지를.

⁷Spielmann said // "We hope the restaurant will serve as a bridge /
　스필만은 (~라고) 말했다　　　"우리는 레스토랑이 다리 역할을 하길 원합니다

between blind people and sighted people." ⁸Try eating in the dark with
　시각장애인과 앞을 볼 수 있는 사람들을 연결해주는".　　　　친구와 어둠 속에서 식사해 보라.

a friend. ⁹It can make all your other senses feel more powerful.
　　　이는 당신의 다른 모든 감각이 더 활발해지는 느낌이 들게 할 것이다.

¹⁰And you can focus only on the taste of the dish!
　　그리고 당신은 오로지 음식의 맛에만 집중할 수 있을 것이다!

¹1999년, 시각장애인인 조르제 스필만이라는 사람은 스위스에서 The Blind Cow라는 이름의 레스토랑을 열었다. ²그 레스토랑의 내부는 완전히 어두우며, 웨이터들은 시각장애인이다. ³손님들은 완전한 어둠 속에서 테이블로 안내받는다. ⁴웨이터들은 당신이 그들이 다가오는 소리를 들을 수 있도록 발에 종을 달고 다닌다. ⁵그 레스토랑은 화장실에만 불빛이 있다. ⁶이런 생각에는 중요한 목적이 있는데, 즉 시각장애인들에게는 일자리를 제공하고, 동시에 앞을 볼 수 있는 사람들에게는 시각장애인이 된다는 것이 어떠한 느낌인지를 깨닫게 하는 것이다. ⁷스필만은 "우리는 레스토랑이 시각장애인과 앞을 볼 수 있는 사람들을 연결해주는 다리 역할을 하길 원합니다."라고 말했다. ⁸친구와 어둠 속에서 식사해 보라. ⁹이는 당신의 다른 모든 감각이 더 활발해지는 느낌이 들게 할 것이다. ¹⁰그리고 당신은 오로지 음식의 맛에만 집중할 수 있을 것이다!

## 구문해설

1 In 1999, **a blind man** [**named** Jorge Spielmann] opened **a restaurant** in Switzerland [**called** *The Blind Cow*].
　　　　　　　　　S　　　　　　　　　　　　　V　　　　　　　　O

　▶ 과거분사구(named Jorge Spielmann)가 a blind man을 수식해 주어가 길어진 구조. 목적어인 a restaurant를 또 다른 과거분사구(called *The Blind Cow*)가 꾸며 주고 있다. named, called 모두 '~라 불리는'이란 뜻.

4 Waiters wear bells on their feet so you can **hear** *them(= waiters)* **coming**.
　　　　　　　　　　　　　　　　　　　　　　　V　　　　O　　　　　C

　▶ 「hear+목적어+-ing」의 구조로 '~가 …하는 것을 듣다'란 뜻. them은 앞의 Waiters를 대신하여 쓰였다.

6 ~ to **teach** sighted people **what** it is **like** to be blind.
　　　　V'　　IO'　　　　　DO'

　▶ 여기서 teach는 목적어를 두 개 취하는 동사로 쓰였다. '~에게 …을 가르치다'란 뜻. 「what ~ like」는 '~은 어떠한 기분[사람, 일]일까'라는 뜻.
　e.g. **What**'s the new teacher **like**? (새 선생님은 어떤 분일까?)

9 It can **make** all your other senses **feel** more powerful.
　　　　V　　　　O　　　　　　　　　C

　▶ 여기서 make는 '~가 …하게 하다'란 뜻으로 「make+목적어+동사원형」의 구조.

---

## 해설 & 해석

Before Reading

지문의 처음 세 문장을 읽어보세요.
아마도 이 지문은 '(a) 한 공휴일'에 관한 내용일 것이다.
(a) 한 공휴일  (b) 복싱

Getting the BIG PICTURE

12월 26일은 몇몇 국가에서 '박싱 데이'라고 불리는 공휴일이다.
이날은 복싱 스포츠와는 어떠한 01 (b) 연관도 있지 않다.
(a) 필요한  (b) 관련 있는  (c) 제한된

그 이름은 아마도 그날에 관한 02 (c) 전통에서 비롯되었을 것이다.
(a) 희망  (b) 싸움  (c) 전통

03 박싱 데이라는 공휴일의 유래에 관한 한 추측이 소개되었고 이에 대한
    자세한 설명이 이어지므로 글의 제목은 ④.
    ① 복싱 스포츠의 유래
    ② 세계적으로 유명한 공휴일들
    ③ 세계의 크리스마스 전통들
    ④ 박싱 데이는 어디서 비롯된 것일까?
    ⑤ 다양한 종류의 박싱 데이 활동들

Focusing on DETAILS

04 'it'이 포함된 문장은 앞 문장에 나온 'Boxing Day'에 관해 묻는 내용
    이므로 밑줄 친 'it'이 가리키는 것은 (b).
    (a) 권투선수들처럼 싸우는 것  (b) 박싱 데이

05 빈칸 앞 문장에서 박싱 데이라는 이름에 대한 추측 내용이 나왔는데
    '실제로' 그 추측은 잘못된 것이라는 내용이 이어지므로 정답은 ②.
    ① 게다가  ② 실제로  ③ 그러므로  ④ 예를 들어  ⑤ 마찬가지로

06 bargain이 포함된 문장의 내용을 살펴보면 백화점이 한 해 중 가장
    큰 무언가를 제공한다고 되어 있으므로 평소보다 더 싼 값에 쇼핑할 수
    있을 거라는 짐작을 할 수 있다. 따라서 정답은 (a).
    'bargain'은 평소 가격보다 (a) 더 싼 값에 사는 것이다.
    (a) 더 싼  (b) 더 비싼

## 직독직해

¹In the United Kingdom, Australia, and Canada, / December 26 is a
영국, 호주, 캐나다에서는                    12월 26일이 공휴일이다.

public holiday. ²It's called 'Boxing Day.' ³Is that because // it's a day
이날은 '박싱 데이'라고 불린다.          ~ 때문일까        그날은 사람들이

for people to fight like boxers? ⁴Actually, / Boxing Day isn't related to
권투선수처럼 싸우는 날이기 때문일까?        사실,              박싱 데이는

the violent sport of boxing at all. ⁵Nobody knows exactly // how
격렬한 스포츠인 권투와 전혀 관계가 없다.        아무도 정확히 알지 못한다

the day after Christmas became known as Boxing Day. ⁶Some say //
어떻게 크리스마스 다음 날이 박싱 데이로 알려지게 됐는지.          몇몇 사람들은 말한다

that it comes from / giving the money from church poor boxes
이날이 비롯되었다고        교회의 자선 모금함에 모인 돈을 가난한 사람들에게 준 데서

to poor people / on December 26. ⁷In England, / rich people
                    12월 26일에.        영국에서는        부유한 사람들이

traditionally gave their servants boxes of gifts / on December 26.
전통적으로 하인들에게 선물 상자를 주었다                12월 26일에.

⁸This could be a possible reason // why we got the name
이 점도 그럴 법한 이유이다            우리가 (그날을) '박싱 데이'라고 부르게 된

'Boxing Day.' ⁹These days, / most people think of it as a day for
                오늘날에는.          대부분 사람들이 박싱 데이를 쇼핑하는 날로 생각한다

shopping // because department stores offer their biggest bargains
                    백화점에서 연중 가장 파격적으로 싼 물건을 내놓기 때문에

of the year / on Boxing Day.
                    박싱 데이에.

## 해석

¹영국, 호주, 캐나다에서는 12월 26일이 공휴일이다. ²이날은 '박싱 데이'라고 불린다. ³그렇게 불리는 것은 사람들이 권투선수처럼 싸우는 날이기 때문일까? ⁴사실, 박싱 데이는 격렬한 스포츠인 권투와 전혀 관계가 없다. ⁵어떻게 크리스마스 다음 날이 박싱 데이로 알려지게 됐는지는 아무도 정확히 알지 못한다. ⁶몇몇 사람들은 이날이 12월 26일에 교회의 자선 모금함에 모인 돈을 가난한 사람들에게 준 데서 비롯되었다고 말한다. ⁷영국에서는 전통적으로 12월 26일에 부유한 사람들이 하인들에게 선물 상자를 주었다. ⁸이 점도 우리가 (그날을) '박싱 데이'라고 부르게 된 그럴 법한 이유이다. ⁹오늘날에는, 대부분의 사람들이 박싱 데이를 쇼핑하는 날로 생각하는데, 왜냐하면 백화점들이 박싱 데이에 연중 가장 파격적으로 싼 물건을 내놓기 때문이다.

## 구문해설

**5** <u>Nobody</u> <u>knows</u> exactly **how** the day after Christmas *became known as* <u>Boxing Day</u>.
　　　S　　V　　　　　　　　　　　　　　　　　O

　▶ Nobody는 주어, knows는 동사, how 이하는 목적어이다. 「become[be] known as ~」는 '~로 알려지다'란 뜻.

**8** This could be a <u>possible reason</u> [**why** we got the name 'Boxing Day.']

　▶ why 이하가 a possible reason을 꾸며주고 있다. 「a reason why ~」는 '~인 이유'란 뜻.

---

**3**
Before Reading　　blink
Getting the BIG PICTURE　01 (a)　02 (a)　03 (b)　04 (a)　05 ②
Focusing on DETAILS　　06 (a), (c), (b)　07 Close
본문 p.30

---

## 해설 & 해석

### Before Reading

지문 전체를 대강 훑어보고 가장 많이 쓰인 단어를 써보세요.

### Getting the BIG PICTURE

우리는 모두 항상 01 (a) 의식하지 않고 눈을 깜박인다.
(a) 의식하기　(b) 쉬기　(c) 연습하기
아기는 십대들보다 눈을 02 (a) 덜 깜빡인다.
(a) 덜　(b) 더
우리는 지루함을 느끼거나 이야기를 할 때 눈을 03 (b) 더 깜박인다.
(a) 덜　(b) 더
우리는 무언가에 집중할 때 눈을 04 (a) 덜 깜박인다.
(a) 덜　(b) 더
우리는 뇌가 휴식을 위해 멈출 때 눈을 깜박인다.

05 빈칸 (A)와 (B)에 가장 적절한 단어를 고르는 문제이다.
우리는 모두 눈을 깜박이지만 눈을 깜박이는 정도는 (A) 다를 수 있다. 그것은 우리의 나이, 감정, 그리고 (B) 뇌 활동으로 결정된다.

| | (A) | (B) |
|---|---|---|
| ① | 증가하다 | 감정 |
| ② | 다르다 | 뇌 활동 |
| ③ | 바뀌다 | 성격 |
| ④ | 두 배로 되다 | 임무 |
| ⑤ | 감소하다 | 건강 |

### Focusing on DETAILS

06 지루할 때 눈을 더 깜박이며(blink more ~ are bored), 이야기할 때 훨씬 더 깜박이고(blink even more ~ are talking), 뭔가 재미있는 걸 읽거나 볼 때 덜 깜박인다(blink less ~ reading or watching something interesting)고 했으므로 (a), (c), (b)의 순서가 가장 적절.

07 두 번째 문장에서 '당신은 방금 눈을 깜박였다(You just blinked.)'라고 했고 이를 더 풀어서 설명한 문장은 바로 앞 문장인 '눈을 감았다가 다시 빨리 떠라(Close your eyes ~ quickly.)'이다. 답은 'Close.'

---

## 직독직해

¹Close your eyes and open them again quickly. ²You just blinked.
눈을 감았다가 다시 빨리 떠라.　당신은 방금 눈을 깜박인 것이다.

³You blink all the time / without thinking about it. ⁴Babies blink
당신은 항상 깜박인다　눈을 깜박인다는 것을 의식하지 못한 채.

just once every two minutes. ⁵Teenagers blink about 15 times a minute.
아기들은 2분마다 한 번씩 깜박인다.　십대들은 1분에 15번 정도 깜박인다.

⁶That's 900 blinks an hour! ⁷Your state of mind has an effect on blinking.
이것은 한 시간에 900번을 깜박인다는 것이다!　당신의 마음 상태는 눈 깜박임에 영향을 준다.

⁸You blink more when you are bored. ⁹You blink even more when you
당신은 지루할 때 눈을 더 많이 깜박인다.　당신은 이야기할 때 훨씬 더 많이 깜박인다.

## 해석

¹눈을 감았다가 다시 빨리 떠라. ²당신은 방금 눈을 깜박인 것이다. ³당신은 눈을 깜박인다는 것을 의식하지 못한 채 항상 깜박인다. ⁴아기들은 2분마다 한 번씩 깜박인다. ⁵십대들은 1분에 15번 정도 깜박인다. ⁶이것은 한 시간에 900번을 깜박인다는 것이다! ⁷당신의 마음 상태는 눈 깜박임에 영향을 준다. ⁸당신은 지루할 때 눈을 더 많이 깜박인다. ⁹당신은 이야기할 때 훨씬 더 많이 깜박인다. ¹⁰당신은 재미있는 걸 읽거나 볼 때 덜 깜박인다. ¹¹당신이 마지막 페이지를 읽거

are talking. ¹⁰You blink less // when you are reading or watching /
당신은 덜 깜박인다                          (~을) 읽거나 볼 때

something interesting. ¹¹When you reach the end of a page or scene, //
재미있는 걸.                          당신이 마지막 페이지나 마지막 장면을 볼 때.

you probably blink. ¹²That's when // your brain takes a short break.
아마도 눈을 깜박일 것이다.         그때가 바로 ~하는 때이다        뇌가 짧은 휴식을 취하는.

¹³Now, watch your friends closely. ¹⁴When do they blink most?
이제 친구들을 자세히 살펴보라.                    언제 눈을 가장 많이 깜박이는가?

¹⁵Is it when they are talking, // or when they are studying?
이야기할 때인가.                          공부할 때인가?

나 마지막 장면을 볼 때, 아마도 눈을 깜박일 것이다. ¹²그때가 바로 뇌가 짧은 휴식을 취하는 때이다. ¹³이제 친구들을 자세히 살펴보라. ¹⁴언제 눈을 가장 많이 깜박이는가? ¹⁵이야기할 때인가, 공부할 때인가?

## 구문해설

4    Babies blink just once **every two minutes**.
  ▶ 「every+복수명사」는 '~마다, ~ 간격으로'란 뜻. e.g. every three weeks (3주마다)

10   You blink less when you are reading or watching **something interesting**.
  ▶ something을 꾸며주는 형용사는 뒤에 온다.

---

**4** Before Reading           (b)                                          본문 p.32
Getting the BIG PICTURE   01 (b)  02 (a)  03 (b)  04 ③
Focusing on DETAILS        05 ③  06 (b)

## 해설 & 해석

### Before Reading

지문의 처음 두 문장을 읽어보세요.
아마도 이 지문은 '(b) 웃음'에 관한 내용일 것이다.
(a) 소리  (b) 웃음

### Getting the BIG PICTURE

웃음에 관한 몇 가지 사실들
사실 1. 처음 '하' 소리보다 이후에 나오는 '하' 소리가 01 (b) 더 약하다.
    (a) 더 강한  (b) 더 약한
사실 2. 웃음은 대부분 02 (a) 대화 도중에 나온다.
    (a) 대화  (b) 농담
사실 3. 말하는 사람이 더 웃는다.
사실 4. 웃음은 말 03 (b) 끝에 나온다.
    (a) 처음  (b) 끝
04  우리가 잘 알지 못하는 웃음에 관한 여러 사실을 소개해주고 있으므로

주제로 알맞은 것은 ③.
① 웃음소리는 왜 '하 하'처럼 들리는가
② 누군가를 웃기는 방법
③ 웃음에 관한 잘 모르는 사실들
④ 우리가 웃는 이유
⑤ 웃음의 문법

### Focusing on DETAILS

05  이 글은 웃음에 관한 여러 흥미로운 사실을 열거하고 있다. 빈칸 뒷부분에 또 새로운 사실을 언급하고 있으므로 '첨가'를 나타내는 Also가 적절하다. 정답은 ③.
① 예를 들어  ② 그 결과  ③ 또한  ④ 요컨대  ⑤ 하지만

06  punctuation marks 뒤에 예를 늘 때 사용하는 표현 중 하나인 'like'가 나왔으므로 뒤따라 나오는 마침표(a period)나 물음표(a question mark)를 가리키는 말인 '문장부호'가 정답.

---

## 직독직해

¹How much do you know about laughter? ²First of all, we all share
웃음에 대해 얼마나 아는가?                    먼저 우리는 모두 기본적인

## 해석

¹웃음에 대해 얼마나 아는가? ²먼저 우리는 모두 기본적인 웃음의 패턴을 가지고 있는데, 이

a basic laughing pattern, / the 'ha-ha-ha' sound. ³The first 'ha's are
웃음의 패턴을 가지고 있는데.　　　이것은 '하-하-하' 소리이다.　　처음 나오는 '하' 소리가 가장 크며.

the loudest // and they get softer as we run out of breath.
　　　　　　　숨을 내쉬면서 점점 약해진다.

⁴And laughter is a strongly social thing, // so we normally think //
또한 웃음은 매우 사회적인 것이어서.　　　우리는 일반적으로 생각한다

that most laughter is caused by jokes. ⁵In fact, / laughing happens
대부분의 웃음이 농담 때문이라고.　　　(그러나) 사실.

most during ordinary conversations, // and speakers tend to laugh
웃음은 일상적 대화를 할 때 가장 많이 나오고.　　말하는 사람이 더 많이 웃는 경향이 있다

more // than their listeners do. ⁶Also, / laughter usually comes at
듣는 사람보다.　　　또한.　　웃음은 주로 말이 끝날 때 나온다.

the end of sentences. ⁷People use laughing like punctuation marks —
　　　　　사람들은 웃음을 문장부호처럼 사용한다

like a period or a question mark at the end of a sentence. ⁸Or it can
마치 문장이 끝날 때 찍는 마침표나 물음표와 같이.

be like a comma or a dash, / to separate ideas and make some ideas
또는 쉼표나 대시(–)처럼 사용될 수도 있다　　　생각들을 구분하거나 더 분명히 밝히기 위해서.

clearer.

것은 '하-하-하' 소리이다. ³처음 나오는 '하' 소리가 가장 크며, 숨을 내쉬면서 점점 약해진다. ⁴또한, 웃음은 매우 사회적인 것이어서, 우리는 일반적으로 대부분의 웃음이 농담 때문이라고 생각한다. ⁵(그러나) 사실, 웃음은 일상적인 대화를 할 때 가장 많이 나오고, 말하는 사람이 듣는 사람보다 더 많이 웃는 경향이 있다. ⁶또한, 웃음은 주로 말이 끝날 때 나온다. ⁷사람들은 웃음을 문장이 끝날 때 찍는 마침표나 물음표와 같은 문장부호처럼 사용한다. ⁸또는 생각들을 구분하거나 더 분명히 밝히기 위해서 쉼표나 대시(–)처럼 사용될 수도 있다.

## 구문해설

7　People use laughing like **punctuation marks** — *like a period or a question mark at the end of a sentence.*
　▶ 대시(–)는 앞의 어구를 구체적으로 설명할 때 사용한다. 여기서는 punctuation marks가 무엇인지 예시를 들어 보여주고 있다.

---

**5**
Before Reading　　(a)　　　　　　　　　　　　　　　　　　본문 p.34
Getting the BIG PICTURE　01 (b)　02 (a)　03 (c)　04 ④
Focusing on DETAILS　05 (a) disappear (b) disagree (c) discover　06 ④　07 ④

---

## 해설 & 해석

### Before Reading

지문의 처음 두 문장을 읽어보세요.
아마도 이 지문은 '(a) 물고기의 이상한 행동'에 관한 내용일 것이다.
(a) 물고기의 이상한 행동　(b) 물고기의 먹이

### Getting the BIG PICTURE

청어는 밤에 01 (b) 이상한 행동을 한다.
(a) 흔히 하는　(b) 이상한　(c) 무서운
= 그들은 엉덩이로 공기 방울을 내보낸다.
그들은 보통 낮이나 02 (a) 혼자일 때는 그렇게 하지 않는다.
(a) 혼자일 때　(b) 모여있을 때　(c) 침묵 속에서
그럴듯한 이유: 이렇게 하는 것이 그들이 앞을 볼 수 없을 때 서로를 03 (c) 찾는 것을 도와준다.
(a) 아는 것　(b) 믿는 것　(c) 찾는 것

04　청어에게 밤마다 이상한 일이 일어난다고 했고, 이 일의 원인을 연구했다는 내용과 그럴듯한 이유를 설명하고 있으므로 정답은 ④.
① 물고기의 습성을 연구하는 것의 어려움
② 청어가 그들의 무리를 구별하는 방법
③ 물고기들이 특히 밤에 떼를 지어 다니는 이유
④ 청어의 이상한 행동과 그 행동의 원인
⑤ 청어가 수중에서 공기 방울을 내보낼 수 있는 방법

### Focusing on DETAILS

05　(a) 브라질의 우림은 인간의 활동 때문에 빠르게 사라지고(disappear) 있다. appear(나타나다) ↔ disappear(사라지다)
(b) 우리는 정치 문제에 있어 반대할(disagree) 수 있지만, 함께 많은 재미있는 시간을 보낸다. agree(동의하다) ↔ disagree(반대하다)
(c) 과학자들은 그 질병에 대한 치유법을 발견하기(discover) 위해 노력하고 있다. cover(덮다, 씌우다) ↔ discover(발견하다, 찾다)

06 주어진 문장 '물고기는 말을 할 수 없다(But fish can't talk)'는 우리가 친구를 부를 때 큰 소리로 부른다는 문장(You would call ~ answer you)에 대한 상반된 내용이므로 정답은 ④.

07 시끄러운 공기 방울을 내보내는 것은 청어가 서로 질문과 답변을 하기 위함이므로 친구와 가족 간 '연락하는 것'을 돕는다는 ④가 정답.

## 직독직해

¹Something strange happens at night / among groups of fish called
밤에 이상한 일이 일어난다                    청어(herring)라고 불리는 물고기 무리 사이에서.

herring. ²As it gets dark, // herrings start blowing bubbles out of
어두워지면                        청어는 엉덩이 밖으로 공기 방울을 내보내기 시작한다.

their bottoms. ³Why? ⁴Are they farting? ⁵Biologist Ben Wilson started
왜일까?       방귀를 뀌는 것일까?        생물학자인 벤 윌슨은 이에 대한 해답을 찾기 시작했다.

looking for some answers. ⁶Wilson took 24-hour video recordings of
                    윌슨은 청어 무리를 24시간 동안 비디오로 촬영했다

groups of herrings // and discovered their secret. ⁷They let gas out of
                    그리고 그들의 비밀을 알아냈다.

their bottoms much more often at night // than they do in daytime.
청어는 밤에 가스를 엉덩이에서 훨씬 더 자주 내보낸다                    낮보다.

⁸And one herring left alone in a tank / doesn't let out any gas at all.
그리고 수조 안에 홀로 남은 청어는              가스를 전혀 내보내지 않는다.

⁹Also, the bigger the group, // the more each herring farts.
또한, 무리가 크면 클수록              청어는 방귀를 더 많이 뀐다.

¹⁰Wilson believes // that this kind of 'farting' behavior / helps
윌슨은 믿는다            '방귀를 뀌는' 이러한 행동이

the herring to find each other in the dark. ¹¹How would you find a
청어가 어둠 속에서 서로를 찾을 수 있게 돕는다고.

friend in a crowd in the dark? ¹²You would call out // and wait for
당신은 사람들이 많은 어두운 곳에서 어떻게 친구를 찾는가?      아마 큰 소리로 부를 것이다

your friend to answer you. ¹³But fish can't talk. ¹⁴That's why Wilson
그리고 친구가 대답할 때까지 기다릴 것이다.      그러나 물고기는 말을 하지 못한다.      이것이 바로 윌슨이 믿는 이유다

believes // that for a herring, / a 'fart' is both the question,
            청어에게 있어      '방귀'는 "어디 있니?"라는 질문인 동시에, 답변이라고.

"Where are you?", and the answer. ¹⁵Clearly, / blowing noisy bubbles
                    확실히, 시끄러운 공기 방울을 내보내는 것은 도와준다

helps / herrings keep in touch with friends and family.
청어가 친구나 가족과 계속 연락할 수 있게.

## 해석

¹청어(herring)라고 불리는 물고기 무리 사이에서는 밤에 이상한 일이 일어난다. ²어두워지면 청어는 엉덩이 밖으로 공기 방울을 내보내기 시작한다. ³왜일까? ⁴방귀를 뀌는 것일까? ⁵생물학자인 벤 윌슨은 이에 대한 해답을 찾기 시작했다. ⁶윌슨은 청어 무리를 24시간 동안 비디오로 촬영한 후, 그들의 비밀을 알아냈다. ⁷청어는 낮보다 밤에 가스를 엉덩이에서 훨씬 더 자주 내보낸다. ⁸그리고 수조 안에 홀로 남은 청어는 가스를 전혀 내보내지 않는다. ⁹또한, 무리가 크면 클수록 청어는 방귀를 더 많이 뀐다. ¹⁰윌슨은 '방귀를 뀌는 듯한' 이러한 행동이 청어가 어둠 속에서 서로를 찾을 수 있게 돕는다고 믿는다. ¹¹당신은 사람들이 많은 어두운 곳에서 어떻게 친구를 찾는가? ¹²아마 큰 소리로 부른 후, 친구가 대답할 때까지 기다릴 것이다. ¹³그러나 물고기는 말을 하지 못한다. ¹⁴이것이 바로 청어에게 있어 '방귀'는 "어디 있니?"라는 질문인 동시에, 답변이라고 윌슨이 믿는 이유다. ¹⁵확실히, 시끄러운 공기 방울을 내보내는 것은 청어가 친구나 가족과 계속 연락할 수 있게 도와준다.

## 구문해설

7  They *let gas out of their bottoms* **much** more often at night **than** they *do* in daytime.
▶ 「비교급+than」의 구조. much는 '훨씬'이란 뜻으로 비교급(more often)을 꾸며준다. 밑줄 친 do는 let gas out of their bottoms를 대신하여 쓰였다.

9  Also, **the bigger** the group (*is*), **the more** each herring farts.
▶ 「the+비교급 ~, the+비교급 …」의 구조로 '~할수록 더 …하다'란 뜻.

15  Clearly, **blowing** noisy bubbles **helps** *herrings* **keep** in touch with friends and family.
    S                                    V              O                C
▶ 주어는 blowing noisy bubbles로, 동명사구 주어는 단수 취급한다. 여기서 help는 '~가 …하도록 돕다'란 의미로 쓰였다. 「help+목적어+동사원형」의 구조.

# Grammar & Usage

본문 p.36

| | | | | |
|---|---|---|---|---|
| 01 named | 02 feel | 03 as | 04 to separate | 05 why |
| 06 × → are led | 07 × → giving | 08 ○ | 09 ① | 10 ② |

**01　named** ｜ 1999년, 시각장애인인 조르제 스필만이라는 사람은 스위스에서 레스토랑을 열었다.

해설 a blind man과 name은 수동의 관계이므로 named가 적절.

**02　feel** ｜ 어둠 속에서 먹는 것은 당신의 다른 모든 감각이 더 활발해지는 느낌이 들게 할 것이다.

해설 사역동사 make가 쓰였으므로 목적격 보어는 동사원형 feel이 적절.

**03　as** ｜ 어떻게 크리스마스 다음 날이 박싱 데이로 알려지게 됐는지는 아무도 정확히 알지 못한다.

해설 be known as는 '~로 알려지다'의 의미이다. be known to는 '~에게 알려지다'의 의미.

**04　to separate** ｜ 웃음은 생각들을 구분하거나 더 분명히 밝히기 위해서 쉼표나 대시(–)처럼 사용될 수도 있다.

해설 문장의 동사는 can이고, 문맥상 '~하기 위해서'라는 의미이므로 to separate가 적절.

**05　why** ｜ 영국에서는 전통적으로 12월 26일에 부유한 사람들이 하인들에게 선물 상자를 주었다. 이 점도 우리가 '박싱 데이'라고 부르게 된 그럴 법한 이유이다.

해설 선행사 reason에 알맞은 관계부사는 why가 적절.

**06　× → are led** ｜ The blind cow 레스토랑에서 손님들은 완전한 어둠 속에서 테이블로 안내받는다.

해설 문맥상 손님들이 안내를 받는 것이므로 수동태 are led가 적절.

**07　× → giving** ｜ 몇몇 사람들은 박싱 데이가 12월 26에 교회의 자선 모금함에 모인 돈을 가난한 사람들에게 준 데서 비롯되었다고 말한다.

해설 전치사 from의 목적어 자리이므로 동명사 giving이 적절.

**08　○** ｜ 완전한 어둠 속에서, 웨이터들은 당신이 그들이 다가오는 소리를 들을 수 있도록 발에 종을 달고 다닌다.

해설 지각동사 hear의 목적격 보어 자리이므로 현재분사 형태의 coming은 적절.

**09　①** ｜ • 말하는 사람이 듣는 사람보다 더 많이 웃는 경향이 있다.
• 청어는 낮보다 밤에 가스를 엉덩이에서 훨씬 더 자주 내보낸다.

해설 앞에 나온 동사를 대신하고 주어가 복수이므로 대동사 do가 적절.

**10　②** ｜ • 십대들은 1분에 15번 정도 눈을 깜박인다. 이것은 한 시간에 900번을 깜박인다는 것이다!
• 웃음은 매우 사회적인 것이어서, 우리는 일반적으로 대부분의 웃음이 농담 때문이라고 생각한다.

해설 앞에 나온 문장 전체를 대신하여 가리키거나, 두 개의 문장을 연결하는 접속사 역할을 하는 것은 that이 적절.

## Quick Check

본문 p.38

| ❶ | ❷ | ❸ | ❹ | ❺ |
|---|---|---|---|---|
| 01. e | 01. c | 01. f | 01. e | 01. f |
| 02. c | 02. d | 02. e | 02. b | 02. b |
| 03. b | 03. f | 03. d | 03. f | 03. d |
| 04. f | 04. a | 04. c | 04. c | 04. e |
| 05. a | 05. e | 05. a | 05. a | 05. c |
| 06. g | 06. b | 06. b | 06. d | 06. a |
| 07. d | | | 07. h | |
| | | | 08. g | |

---

**1**

Before Reading （b）　　　　　　　　　　　　　　　　　　　본문 p.40

Getting the BIG PICTURE 01 (a) 02 (c) 03 (b) 04 ③

Focusing on DETAILS 05 ③, ④ 06 ① 07 (a)

---

## 해설 & 해석

### Before Reading

독해에 앞서, 아래 제시된 단어와 구를 보세요.

용돈 / 자금 / 여분의 돈 / 남은 잔돈 / 푼돈 / 투자

아마도 이 지문은 '(b) 용돈을 모으는 것'에 관한 내용일 것이다.

(a) 잔돈을 주는 것 (b) 용돈을 모으는 것

### Getting the BIG PICTURE

'treat fund'는 영리한 생각이다.

이유 1. 이것은 우리에게 용돈을 01 (a) 저축하는 방법을 가르쳐준다.

　　(a) 저축하다 (b) 쓰다 (c) 받다

이유 2. 돈이 가득 차는 저금통을 보는 것은 02 (c) 즐겁다.

　　(a) 불가능한 (b) 지루한 (c) 즐거운

이유 3. 우리는 우리 자신을 위해 03 (b) 특별한 선물들을 사는 데 돈을 쓸 수 있나.

　　(a) 필요한 것들 (b) 특별한 선물들

04 지문에 가장 적절한 속담을 고르라는 문제이다. 이 글은 주머니 속의 잔돈을 모아 목돈을 만들어보라는 내용이다. 따라서 정답은 ③.

① 행동보다 말이 쉽다.

② 무소식이 희소식이다.

③ 작은 물방울이 모여 소나기를 이룬다.

④ 집만 한 곳이 없다.

⑤ 건강한 신체에 건강한 정신이 깃든다.

### Focusing on DETAILS

05 treal fund는 원하던 것을 살 수 있는 여분의 돈(spare cash for ~ soccer game!)이라고 했으며, 돈 모으는 방법을 알려준다(it teaches you how to save money)고 했으므로 정답은 ③, ④.

06 ⓑ~ⓔ는 주머니 속의 동전, 조금씩 모으는 푼돈을 의미하지만 ⓐ는 용돈을 말한다.

07 본문의 change는 바로 다음 문장에 나오는 small money와 같은 의미로 '잔돈'이란 뜻이다. 따라서 본문의 change와 같은 뜻은 (a)이다.

(a) 그 점원은 나에게 잔돈으로 20센트를 주었다.

(b) 런던 날씨는 매우 빠르게 바뀔 수 있습니다.

---

### 직독직해

¹So, your pocket money isn't enough / to buy a cool pair of sneakers?
　　그러니까, 당신의 용돈은 충분하지 않은가요　　　　멋진 운동화를 사기에?

### 해석

¹그러니까, 당신의 용돈은 멋진 운동화를 사기에 충분하지 않은가요? ²그렇다면, 여기 좋은

²Well, here's a good idea. ³Create your own 'treat fund.' ⁴It is spare cash
그렇다면, 여기 좋은 아이디어가 있습니다.　　자신만의 'treat fund'를 만들어 보세요.　　이것은 여분의 돈입니다

/ for special treats / like a high-tech multi-player, a ticket to see your
특별한 선물을 위한　　　　　　최신 멀티 플레이어, 좋아하는 밴드의 콘서트 표,

favorite band, or a ticket to a big soccer game! ⁵Just collect all the extra
또는 큰 축구경기의 입장권과 같이!!　　　　그저 주머니에 있는 모든 잔돈을 모으세요.

change from your pockets. ⁶Then keep adding it to a container / every
　　　　　　　　　　그다음에 잔돈을 저금통에 넣기만 하면 됩니다　　매일 밤

night // and watch the small money grow. ⁷As it grows, // you can think /
그리고 푼돈이 목돈이 되는 걸 지켜보세요.　　돈이 늘어남에 따라.　　생각해 보세요

about all the fun things / you will do with it. ⁸Do not take out even 10 won //
모든 재밌는 것들을　　　　그 돈으로 할 수 있는.　　단 10원도 빼지 마세요

until the container is filled to the top. ⁹A treat fund is great // because
저금통이 다 차기 전에는.　　　　　treat fund는 좋습니다

it teaches you how to save money. ¹⁰You enjoy watching your little
돈 모으는 방법을 알려주기 때문에.　　적은 투자 금액이 큰 자금으로 자라는 걸 지켜보면서 즐기세요.

investment grow up into a big fund. ¹¹You have no bad feelings / about
　　　　　　　　　　　　　　　　죄책감을 느낄 일도 없습니다

spending that money to buy an expensive thing. ¹²And when your
비싼 물건을 사는 데 그 돈을 쓰는 것에 대해.

pocket or purse is heavy with many coins, // you feel happy. ¹³Sounds
또한 많은 동전으로 주머니나 지갑이 무거울 때면,　　　　행복해집니다.

like a win-win situation to me.
저한테는 일석이조의 상황으로 들리네요.

아이디어가 있습니다. ³자신만의 'treat fund'를 만들어 보세요. ⁴이것은 최신 멀티 플레이어, 좋아하는 밴드의 콘서트 표, 또는 큰 축구경기의 입장권과 같이 당신만의 특별한 선물을 위한 여분의 돈입니다. ⁵그저 주머니에 있는 모든 잔돈을 모으세요. ⁶그다음에 매일 밤 잔돈을 저금통에 넣기만 하면 됩니다. 그리고 푼돈이 목돈이 되는 걸 지켜보세요. ⁷돈이 늘어남에 따라 그 돈으로 할 수 있는 모든 재밌는 것들을 생각해 보세요. ⁸저금통이 다 차기 전에는 단 10원도 빼지 마세요. ⁹treat fund는 당신에게 돈 모으는 방법을 알려주기 때문에 좋습니다. ¹⁰적은 투자 금액이 큰 자금으로 자라는 걸 지켜보면서 즐기세요. ¹¹비싼 물건을 사는 데 그 돈을 쓰는 것에 대해 죄책감을 느낄 일도 없습니다. ¹²또한, 많은 동전으로 주머니나 지갑이 무거울 때면, 행복해집니다. ¹³저한테는 일석이조의 상황으로 들리네요.

## 구문해설

1　So, your pocket money isn't **enough to** *buy* a cool pair of sneakers?
　　▶ 여기서 So는 대화를 시작할 때 쓰는 구어적 표현으로 사용되었다. 「enough to+동사원형」은 '~하기에 충분한'이란 뜻.

6　Then **keep** *adding* it to a container / every night // *and* **watch** *the small money grow*.
　　▶ 두 개의 명령문이 and로 연결되어 있다. 각각 「keep+-ing (계속해서 ~하다)」, 「watch+목적어+동사원형 (~가 …하는 것을 지켜보다)」의 구조가 쓰였다.

10　You **enjoy** **watching** *your little investment* **grow up** into a big fund.
　　　　　　　　　　　　　　　　O′　　　　　　　　　C′
　　▶ 「enjoy+-ing」은 '~하는 것을 즐기다'란 뜻. enjoy는 동명사를 목적어로 취하는 동사이다. enjoy의 목적어로 「watch+목적어+동사원형 (~가 …하는 것을 지켜보다)」의 구조가 쓰였다.

13　(It) **Sounds** like a win-win situation to me.
　　▶ 구어체에서는 주어를 생략해서 말하기도 한다.

## 해설 & 해석

지문의 처음 다섯 문장을 읽어보세요.
아마도 이 지문은 '(b) 첫 데이트'에 관한 내용일 것이다.
(a) 인생의 단계  (b) 첫 데이트

### Getting the BIG PICTURE

당신의 첫 데이트를 계획할 때 명심해둘 몇몇 유용한 것들이 있다.
당신이 01 (b) 친구들과 함께 하는 듯이 해라.
(a) 가족을 위해  (b) 친구들과 함께  (c) 반 안에서
예의를 갖추고 시간을 지켜라, 그리고 당신의 파트너에게
02 (a) 귀 기울임으로써 관심을 보여라.
(a) 귀 기울임  (b) 함께 감  (c) 인사를 함
03 (c) 첫 번째 데이트를 길게 계획하지 마라.
(a) 성공적인 첫 데이트  (b) 다음 데이트  (c) 첫 번째 긴 데이트

04 지문에 가장 적절한 주제를 고르는 문제이다. 첫 데이트를 위한 조언을

해주며 데이트에 필요한 것들을 말해주는 내용이다. 따라서 정답은 ②.
① 흔한 데이트 실수
② 첫 데이트 준비하기
③ 관계를 시작하는 알맞은 때
④ 우정을 쌓는 활동들
⑤ 적절한 파트너 찾기

### Focusing on DETAILS

05 모든 사람이 정해진 약속 시간에 도착하는 사람을 좋아한다(Everyone likes ~ arrives on time.)고 했고 짧은 시간 동안 데이트를 함으로써 아쉬움을 남기라(keep the date ~ each other!)고 제안했으므로 ④, ⑤번이 정답.

06 같은 문장에서 형용사 good-looking과 beautiful이 or로 연결되어 쓰였으므로 fancy도 이들과 비슷한 의미임을 알 수 있다. 따라서 fancy와 가장 의미가 비슷한 것은 (c)이다.
(a) 인근의  (b) (가격이) 싼  (c) 멋진

## 직독직해

¹Going on your first date? ²This is a sign // that you are moving into /
첫 데이트를 시작하려고 하나요?      첫 데이트는 신호예요      들어서고 있는

a new stage of your life. ³You might feel a little frightened. ⁴But don't
인생의 새로운 단계에.      약간은 두려울지도 몰라요.      하지만 걱정하지 말아요!

worry! ⁵Here are a few useful suggestions / to make it great. ⁶First,
몇 가지 도움이 될 만한 정보를 제안해 드릴게요      멋진 데이트를 위해.      첫 번째로,

forget about / choosing a fancy restaurant, a good-looking hair style,
~에 관해서는 잊어버리세요      고급 레스토랑, 멋져 보이는 헤어스타일, 또는 예쁜 옷을 고르는 일에 관해서는.

or beautiful clothes. ⁷Instead, / eat spaghetti at a busy family restaurant
대신.      분주한 패밀리 레스토랑에서 스파게티를 먹거나

// or go to the movies or a noraebang. ⁸Just think // that you are with
영화를 보러 가거나 노래방에 가세요.      생각하는 거예요      친구들과 함께 있다고!

your friends! ⁹Both of you will feel much more comfortable. ¹⁰Second,
두 사람 모두 훨씬 편안해질 거예요.      두 번째로,

don't try to act too cool / or older than you are. ¹¹Everyone likes /
너무 멋있는 척 행동하거나      어른스러운 척하지 마세요.      모두가 좋아해요

someone who has pleasant manners, is polite, and arrives on time.
상냥하고, 예의 바르며, 제시간에 도착하는 사람을

¹²Show that you are caring and thoughtful / by trying to listen more
당신이 친절하고 사려 깊은 사람임을 보여주세요      말을 하기보다는 더 많이 들으려고 노력함으로써.

than you speak. ¹³Last, keep the date short. ¹⁴It will leave you both /
마지막으로, 짧은 시간 동안 데이트를 하세요.      두 사람 모두에게 남겨줄 거예요

with the feeling that you want to see more of each other!
서로 더 보고 싶은 마음을!

## 해석

¹첫 데이트를 시작하려고 하나요? ²첫 데이트는 인생의 새로운 단계에 들어서고 있다는 신호예요. ³약간은 두려울지도 몰라요. ⁴하지만 걱정하지 말아요! ⁵멋진 데이트를 위해 몇 가지 도움이 될 만한 정보를 제안해 드릴게요. ⁶첫 번째로, 고급 레스토랑, 멋져 보이는 헤어스타일 또는 예쁜 옷을 고르는 일에 대해서는 잊어버리세요. ⁷대신, 분주한 패밀리 레스토랑에서 스파게티를 먹거나 영화를 보러 가거나 노래방에 가세요. ⁸친구들과 함께 있다고 생각하는 거예요! ⁹두 사람 모두 훨씬 편안해질 거예요. ¹⁰두 번째로, 너무 멋있는 척 행동하거나 어른스러운 척하지 마세요. ¹¹모두가 상냥하고, 예의 바르며, 제시간에 도착하는 사람을 좋아해요. ¹²말을 하기보다는 더 많이 들으려고 노력함으로써 당신이 친절하고 사려 깊은 사람임을 보여주세요. ¹³마지막으로, 짧은 시간 동안 데이트를 하세요. ¹⁴두 사람 모두에게 서로 더 보고 싶은 마음을 남겨줄 거예요!

**2** This is **a sign that** you are moving into a new stage of your life.

▶ that절이 a sign의 구체적인 내용을 설명하고 있다. '어떤 신호? 인생의 새로운 단계에 들어서고 있다는 신호'

**11** Everyone likes *someone* [who has pleasant manners, is polite, and arrives on time].

▶ who 이하(who ~ time)가 someone을 꾸며주고 있다.

---

**3**

| Before Reading | house swap | 본문 p.44 |
| --- | --- | --- |
| Getting the BIG PICTURE | 01 (a)  02 (c)  03 (b)  04 ⑤ | |
| Focusing on DETAILS | 05 ①, ②, ⑤  06 (b)  07 you stay in my house while I stay in yours | |

---

## 해설 & 해석

**Before Reading**

지문 전체를 대강 훑어보고 가장 많이 쓰인 단어를 써보세요.

**Getting the BIG PICTURE**

집을 교환하는 것은 휴가를 위한 좋은 생각이 될 수 있다.
이것은 전혀 01 (a) 돈이 들지 않는다.
(a) (돈이) 들다 (b) 괴롭히다 (c) 돕다
얼마나 오래 house swap을 지속해야 하는지 02 (c) 기간이 정해져 있지
않다.
(a) 규칙 (b) 시간제한 (c) 정해져 있지 않은 기간
사람들은 집을 교환할 때 크기나 고급스러움에 03 (b) 신경 쓰지 않는다.
(a) 상의할 수 있다 (b) 신경 쓰지 않는다 (c) 바라다

04 지문에 가장 적절한 제목을 고르는 문제이다. 'house swap'에 대해
설명해주면서 휴가를 보낼 때 집을 교환하는 것이 좋다고 말하고 있다.
따라서 정답은 ⑤.
① 집을 좋은 가격에 구입하는 방법
② 집 vs 호텔 – 확실한 선택
③ 교환의 비결: 광고하라!
④ 당신의 집을 자랑스러워하라, 크기에 상관없이!
⑤ 휴가를 위한 주택 사용의 좋은 아이디어

**Focusing on DETAILS**

05 ① 숙박비가 필요 없고(because you don't pay anything for a
place to stay), ② 주말뿐이든 일 년이든 가능하다(You can swap
houses for a weekend. You can swap for a year!)고 했으므로
기간에 상관없으며, ⑤ 새로운 장소를 탐험하면서 휴가를 즐기고 싶어
하는 사람들이 이용한다(They just want to ~ their vacations.)고
했으므로 언급되지 않은 것은 ①, ②, ⑤.

06 본문의 두 번째 문장(When you ~ who wants it.)에서 swap의
정의가 설명되어 있다. 이를 통해 swap이 '교환하다(exchange)'의
의미임을 알 수 있다.
(a) 보여주다 (b) 교환하다 (c) 버리다

07 빈칸에는 집을 swap하는 것의 의미가 들어가야 한다. 빈칸 앞부분에
무언가를 swap한다는 것은 상대방과 서로 원하는 것을 교환하는 것
이라고 했으므로 '상대방과 집을 교환해 머무르다'란 뜻의 you stay
in my house while I stay in yours가 정답이다.

---

## 직독직해

¹Have you ever heard of a 'house swap'? ²When you 'swap' something, //
'house swap'이라는 말을 들어본 적이 있는가?              무언가를 swap한다는 것은

you give it to somebody else who wants it. ³In return, / that person gives
당신이 그것을 원하는 다른 누군가에게 그것을 준다는 것이다.              그 답례로,

you something that you want. ⁴If you and I 'swap' houses, // this is what
그 사람은 당신이 원하는 것을 준다.              만약 당신과 내가 집을 swap한다면,

we do: you stay in my house // while I stay in yours. ⁵It's a great idea
우리가 하는 일은 바로 당신은 내 집에서 지내는 것이다              내가 당신의 집에 지내는 동안.

for vacations, // because you don't pay anything for a place to stay.
이것은 휴가를 보내는 좋은 방법이다              숙박할 곳에 돈을 내지 않아도 되기 때문에.

## 해석

¹'house swap'이라는 말을 들어본 적이 있는
가? ²무언가를 swap한다는 것은, 당신이 그것
을 원하는 다른 누군가에게 그것을 준다는 것이
다. ³그 답례로, 그 사람은 당신이 원하는 것을
준다. ⁴만약 당신과 내가 집을 swap한다면, 우
리가 하는 일은 바로 내가 당신의 집에서 지내
는 동안 당신은 내 집에서 지내는 것이다. ⁵이것
은 숙박할 곳에 돈을 내지 않아도 되기 때문에
휴가를 보내는 좋은 방법이다. ⁶주말 동안에 집

⁶You can swap houses for a weekend. ⁷You can swap for a year! ⁸Cars
주말 동안에 집을 교환할 수 있다.　　　　　　　　　　1년 동안도 가능하다!

can be included in the house swap, too. ⁹Some people worry // that
자동차 역시 house swap에 포함될 수 있다.　　　　어떤 사람들은 걱정한다

their houses aren't good enough to swap. ¹⁰But people don't care about
자신의 집이 교환할 만큼 좋은 집이 아니라고.　　　　그러나 사람들은 집의 크기나 고급스러움에 신경 쓰지 않는다.

size or luxury. ¹¹They just want / to explore new places and enjoy their
그들은 단지 원한다　　　　새로운 장소를 탐험하고 휴가를 즐기는 것을.

vacations. ¹²They prefer real homes to hotel rooms // because they
그들은 호텔 방보다 진짜 집을 선호하는데.

like to live as normal people / rather than as tourists. ¹³So, you don't
보통 사람들처럼 지내는 것을 좋아하기 때문이다.　　여행객으로서가 아니라.

need to worry about // how big or how lovely your house is.
따라서 걱정할 필요가 없다　　　당신의 집이 얼마나 큰지 혹은 얼마나 아름다운지를.

을 교환할 수도 있다. ⁷1년 동안도 가능하다! ⁸자동차 역시 house swap에 포함될 수 있다. ⁹어떤 사람들은 자신의 집이 교환할 만큼 좋은 집이 아니라고 걱정한다. ¹⁰그러나 사람들은 집의 크기나 고급스러움에 신경 쓰지 않는다. ¹¹그들은 단지 새로운 장소를 탐험하고 휴가를 즐기고 싶어 한다. ¹²그들은 호텔 방보다 진짜 집을 선호하는데, 여행객으로서가 아니라 보통 사람들처럼 지내는 것을 좋아하기 때문이다. ¹³따라서 당신의 집이 얼마나 큰지 혹은 얼마나 아름다운지를 걱정할 필요가 없다.

---

## 구문해설

9  Some people worry that their houses aren't **good enough to swap**.
　▶ 「형용사+enough to+동사원형」은 '~하기에 충분히 …한'의 뜻.

12  ~ because they like to live as normal people **rather than** as tourists.
　▶ 「A rather than B」는 'B이기보다는 오히려 A'란 뜻. B보다 A를 선호할 때 사용한다.

---

**4**

Before Reading　　　　　　(a)　　　　　　　　　　　　　　　　　　본문 p.46
Getting the BIG PICTURE　01 **(b)**　02 **(c)**　03 **(a)**　04 ③
Focusing on DETAILS　　　05 **(b)**　06 ①

---

## 해설 & 해석

### Before Reading

독해에 앞서, 아래 제시된 단어와 구를 보세요.
큰 소리로 (수를) 세다 / 화가 난 / 가라앉히다 / 심호흡하다 /
휴식을 취하다 / 숨을 내쉬다 / 편안하게 하는
아마도 이 지문은 '(a) 진정하는 방법'에 관한 내용일 것이다.
(a) 진정하는 방법　(b) 우리를 화나게 하는 것

### Getting the BIG PICTURE

화를 다스리는 간단하고 효과적인 방법이 있다.
첫째, 01 (b) '1'을 세면서 심호흡을 해라.
(a) 눕다　(b) '1'을 말하다　(c) 눈을 감다
그다음은 숨을 내쉬면서 몸을 02 (c) 쉬게 하라.
(a) 움직이다　(b) 낮추다　(c) 휴식을 취하다
03 (a) '10'에 도달할 때까지 이 단계들을 반복하라.
(a) '10'에 도달하다　(b) 만족하다　(c) 잠들다
이 방법은 스트레스를 줄이는 데도 좋다.

04 필자의 목적을 물어보는 문제이다. '심호흡'을 하면서 1부터 10까지 '숫

자를 세는' 방법을 통해 편안한 마음을 가질 수 있다는 내용이다. 필자는 화가 났을 때 마음을 진정시키는 방법을 제안하고 있다. 따라서 정답은 ③.

### Focusing on DETAILS

05 본문의 work는 '효과가 있다'란 뜻이다. 따라서 정답은 (b).
(a) 뇌가 어떻게 작용[작동]을 하는지 그들이 조금이라도 더 잘 이해하게 되었나요?
(b) 내 계획이 효과가 있어서 그들이 동의하게 만들었다.

06 빈칸에 들어갈 가장 알맞은 말을 고르는 문제이다. 필자는 화를 진정시키기 위해서는 큰소리로 숫자를 세고 심호흡을 하라고 말하고 있다. 빈칸 뒤를 보면 진정된다고 나와 있다. 따라서 빈칸은 '숫자 세기와 심호흡을 함께 하면'이 나와야 하므로 정답은 ①.
① 숫자 세기와 심호흡을 함께 하는 것은
② 분노에 대해 생각하는 것은
③ 당신의 상황을 받아들이는 것은
④ 누군가에게 말하는 것은
⑤ 인내심을 갖기로 결정하는 것은

[1]When I was little, // my father used to count aloud to ten // when he
내가 어렸을 때,　　　　　아버지는 큰소리로 10까지 숫자를 세곤 하셨다

was angry with my sister and me. [2]It helped him to calm down. [3]I've
내 여동생과 나에게 화가 나셨을 때.　　　　　그 방법은 아버지께서 마음을 진정시키시는 데 도움이 됐다.

added an extra part to Dad's method. [4]It works even better. [5]All you
나는 아버지의 방법에 별도의 방법을 덧붙였다.　　　　그 방법이 훨씬 더 효과가 있다.

have to do is this: when you feel angry, // take a deep breath slowly, //
당신이 해야 할 일은 다음이 전부다.　　일단 화가 나면,　　　　천천히 심호흡하라.

and as you do, say 'one.' [6]Then, relax your whole body as you breathe
그리고 심호흡을 하면서 '1'을 세라.　　　　그다음, 숨을 내쉬면서 온몸의 긴장을 풀라.

out. [7]Repeat with 'two,' and then 'three,' until you reach 'ten.' [8]What
'2'를 세면서 반복하고, 그 다음은 '3'을 세고 '10'을 셀 때까지 반복하라.

you are doing / is clearing your mind. [9]Mixing counting and breathing
당신이 하고 있는 것은　　　정신을 맑게 해준다.　　　숫자 세기와 심호흡을 함께 하면 마음이 매우 진정되어서

is so relaxing // that it's almost impossible to remain angry. [10]The
화나 있는 것은 거의 불가능하다.

exercise is just as useful / in stressful school situations. [11]The next time
이런 연습은 유용하다　　　　스트레스가 많은 학교생활에서도.　　　　다음번에

you feel yourself getting hot with anger or stress, // give it a try.
당신이 분노나 스트레스로 스스로 화가 났다고 느낀다면.　　　　한번 시도해보라.

## 해석

[1]내가 어렸을 때, 아버지는 내 여동생과 나에게 화가 나셨을 때, 큰소리로 10까지 숫자를 세곤 하셨다. [2]그 방법은 아버지께서 마음을 진정시키시는 데 도움이 됐다. [3]나는 아버지의 방법에 별도의 방법을 덧붙였다. [4]그 방법이 훨씬 더 효과가 있다. [5]당신이 해야 할 일은 다음이 전부다. 일단 화가 나면, 천천히 심호흡하라. 그리고 심호흡을 하면서 '1'을 세라. [6]그다음, 숨을 내쉬면서 온몸의 긴장을 풀라. [7]'2'를 세면서 반복하고, 그 다음은 '3'을 세고 '10'을 셀 때까지 반복하라. [8]당신이 하고 있는 것은 정신을 맑게 해준다. [9]숫자 세기와 심호흡을 함께 하면 마음이 매우 진정되어서 화나 있는 것은 거의 불가능하다. [10]이런 연습은 스트레스가 많은 학교생활에서도 유용하다. [11]다음번에 당신이 분노나 스트레스로 스스로 화가 났다고 느낀다면, 한번 시도해보라.

## 구문해설

1   When I was little, my father **used to count** aloud to ten ~.
▶ 「used to+동사원형」은 '~하곤 했다'라는 뜻으로 과거의 습관을 나타낸다.

4   It works **even** better.
▶ 여기서 even은 비교급(better)을 수식해주는 부사로 강조를 위해 쓰였다. '훨씬'이란 뜻.

9   Mixing counting and breathing is **so** relaxing **that** it's almost impossible to remain angry.
▶ 「so ~ that ...」은 '매우 ~해서 …이다'란 뜻. that절에는 「it's impossible to+동사원형(~하는 것은 불가능하다)」이 쓰였다.

---

**5**

| | | | 본문 p.48 |
|---|---|---|---|
| Before Reading | (a) | | |
| Getting the BIG PICTURE | 01 (a) 02 (c) 03 (b) 04 (c) 05 ④ | | |
| Focusing on DETAILS | 06 (b) 07 (b) 08 ③ | | |

## 해설 & 해석

### Before Reading

독해에 앞서, 아래 제시된 단어와 구를 보세요.
책상 의자 / 중요한 가구 / 하나를 사다 / 하나의 모델을 고르다
아마도 이 지문은 의자를 '(a) 구입하는 것'에 관한 내용일 것이다.
(a) 구입하는 것  (b) 파는 것

### Getting the BIG PICTURE

당신은 의자를 상점에서 사기 전에 01 (a) 확인을 해야만 한다.
(a) 확인하다 (b) 들어 올리다 (c) 움직이다

좌석을 02 (c) 조정할 수 있는지 반드시 확인하라.
(a) 반납하다 (b) 주문하다 (c) 조정하다

당신의 허리와 팔이 03 (b) 편안한지 체크해보라.

(a) 깨끗한  (b) 편안한  (c) 똑바른

당신의 손이 책상에 있을 때 자연스럽게 팔이 받쳐져야 한다.

집의 04 (c) 딱딱한 바닥에 당신의 의자를 두어라

(a) 부드러운  (b) 평평한  (c) 딱딱한

05  지문에 가장 적절한 주제를 고르는 문제이다. 책상 의자는 확인한 후에
    구입하도록 권장하고 있으며 책상 의자를 고르는 방법과 사용하는 방
    법에 대해 알려주고 있으므로 정답은 ④.
    ① 책상 의자들에 관해 흔히 있는 실수
    ② 쾌적한 학습 공간을 만드는 방법
    ③ 안 좋은 의자들로부터 생긴 허리 부상들
    ④ 책상 의자를 고르고 사용하는 방법
    ⑤ 당신의 바닥에 맞는 의자 고르기

06  본문의 support가 쓰인 문장을 살펴보면 support는 가장 좋은 의
    자가 가져야 하는 것을 지칭하고 있다. 따라서 이 단어는 '지지하다'란
    뜻이 아니라 '버팀대'로 쓰인 것을 알 수 있다.

07  본문의 place가 쓰인 문장을 살펴보면 의자를 부드러운 바닥에
    place 하지 말라고 나와 있다. 따라서 place는 '장소'란 뜻이 아니라
    '놓다'의 뜻인 것을 알 수 있다.

08  내용상 빈칸에 들어갈 말로 알맞은 것을 고르는 문제이다. 빈칸 앞 내
    용이 부드러운 바닥 위에 의자를 놓으면 다칠 수 있다고 하였고, 빈칸
    뒤엔 딱딱한 바닥 위나 플라스틱 매트 위에 의자를 두라고 나와 있다.
    따라서 이 둘을 연결해줄 연결사는 ③이다.
    ① 다시 말해서
    ② 게다가
    ③ 대신에
    ④ 예를 들어
    ⑤ 그러므로

## 직독직해

¹A desk chair is an important piece of furniture. ²Buy one only after
책상 의자는 중요한 가구입니다.                            꼭 확인한 후에 구입하도록 하세요.

you have tested it. ³Choose a model with a seat // that you can move
                    좌석이 달린 모델을 고르세요

forward and backward as well as up and down. ⁴The best chairs have
위아래로 뿐만 아니라 앞뒤로도 움직일 수 있는.                  가장 좋은 의자는

support for your lower back and no arm rests; this way your arms can
허리를 받쳐주고 팔걸이는 없는 것이어야 하는데.                이런 방식은 팔을

hang naturally by your sides. ⁵Raise or lower the seat of your chair //
자연스레 옆구리에 두도록 해줍니다.              좌석을 높이거나 낮춰서

so that your hands and forearms can rest on the surface of your desk //
손과 팔목 부분이 책상 위에 놓이도록 하세요

when your elbows are bent. ⁶Do this in the store before you buy your
팔꿈치를 굽혔을 때.              의자를 사기 전에 상점에서 이렇게 해 보세요.

chair. ⁷When you get the chair home, // do not place it on soft flooring,
       의자를 집으로 가져 왔을 때.          카펫같이 부드러운 바닥 위에 두지 마세요.

such as a carpet. ⁸Trying to move across soft surfaces // when you are
                  부드러운 바닥 위를 움직이려고 하면

sitting in your chair / can hurt your lower back. ⁹Instead, keep your
의자에 앉은 채로            허리를 다칠 수 있습니다.        대신.

chair on hard flooring / or a plastic mat designed especially for chairs
딱딱한 바닥 위에 의자를 두세요        또는 의자가 미끄러져 나갈 수 있게 특별히 고안된 플라스틱 매트 위에.

to slide across.

## 해석

¹책상 의자는 중요한 가구입니다. ²꼭 확인한 후에 구입하도록 하세요. ³위아래로 뿐만 아니라 앞뒤로도 움직일 수 있는 좌석이 달린 모델을 고르세요. ⁴가장 좋은 의자는 허리를 받쳐주고 팔걸이는 없는 것이어야 하는데, 이런 방식은 팔을 자연스레 옆구리에 두도록 해줍니다. ⁵좌석을 높이거나 낮춰서, 팔꿈치를 굽혔을 때 손과 팔목 부분이 책상 위에 놓이도록 하세요. ⁶의자를 사기 전에 상점에서 이렇게 해 보세요. ⁷의자를 집으로 가져 왔을 때, 카펫같이 부드러운 바닥 위에 두지 마세요. ⁸의자에 앉은 채로 부드러운 바닥 위를 움직이려고 하면 허리를 다칠 수 있습니다. ⁹대신, 딱딱한 바닥 위나 의자가 미끄러져 나갈 수 있게 특별히 고안된 플라스틱 매트 위에 의자를 두세요.

## 구문해설

3  Choose a model with *a seat* [(**that**) you can move forward and backward **as well as** up and down].

▶ that이 이끄는 절이 a seat를 꾸며준다. 「B as well as A」는 'A뿐만 아니라 B도'란 뜻으로 B를 강조한다.

**5** Raise or lower the seat of your chair **so that** <u>your hands and forearms</u> <u>can rest</u> on the surface of your desk ~.
S'             V'

▶ 여기서 「so that+주어+동사」는 '그 결과 ~하다'란 뜻으로 '결과'를 나타낸다. '~하기 위해서'란 '목적'의 뜻으로 해석하는 것도 가능하다.

**9** Instead, keep your chair on hard flooring or *a plastic mat* [**designed** especially *for chairs* **to slide across**].

▶ designed ~ across가 a plastic mat를 수식하고 있다. for chairs는 to slide across의 의미상 주어.

---

## Grammar & Usage

본문 p.50

| | | | | |
|---|---|---|---|---|
| **01** to see | **02** furniture | **03** Trying | **04** frightened | **05** × → go |
| **06** ○ | **07** × → to remain | **08** × → your house is | **09** ⑤ | **10** ③ |
| **11** ② | | | | |

---

**01 to see** ㅣ 'treat fund'는 당신이 좋아하는 밴드의 콘서트 표와 같이 특별한 선물을 위한 여분의 돈이다.

해설 문맥상 앞의 명사(a ticket)를 꾸며주는 자리이므로 형용사 역할을 하는 to부정사인 to see가 적절.

**02 furniture** ㅣ 책상 의자는 중요한 가구이다. 그래서 당신은 꼭 확인한 후에 구입해야 한다.

해설 furniture는 셀 수 없는 명사이므로 -s를 붙이지 않고 단수형으로 사용.

**03 Trying** ㅣ 의자에 앉은 채로 부드러운 바닥 위를 움직이려고 하면 허리를 다칠 수 있습니다.

해설 문장의 동사(can hurt)가 이미 있으므로 나머지 동사는 준동사이다. v-ing의 형태로 주어인 명사구를 이끄는 동명사 Trying이 적절.

**04 frightened** ㅣ 당신이 인생의 새로운 단계에 들어서고 있을 때, 당신은 약간은 두려울지도 모른다.

해설 주어인 you가 두려운 감정을 느끼는 것이므로 과거분사 형태인 frightened가 적절.

**05 × → go** ㅣ 당신이 첫 데이트를 시작할 때, 분주한 패밀리 레스토랑에서 스파게티를 먹거나 영화를 보러 가세요.

해설 등위접속사 or로 연결된 병렬구조이므로 앞에 있는 동사 eat과 병렬을 이뤄 go가 적절.

**06 ○** ㅣ 모두가 상냥하고 예의 바르며 제시간에 도착하는 사람을 좋아한다.

해설 선행사가 사람(someone)이고 관계사절 내에서 주어 역할을 하므로 관계대명사 who는 적절.

**07 × → to remain** ㅣ 숫자 세기와 심호흡을 함께 하면 마음이 매우 진정되어서 화나 있는 것은 거의 불가능하다.

해설 앞의 가주어 it이 가리키는 진주어에 해당하므로 주어 역할을 하는 to부정사인 to remain이 적절.

**08 × → your house is** ㅣ 사람들은 호텔 방보다 진짜 집을 선호하기 때문에 house swap을 한다. 따라서 당신의 집이 얼마나 큰지 혹은 얼마나 아름다운지를 걱정할 필요가 없다.

해설 의문사 how가 쓰인 명사절은 간접의문문 형태인 「의문사+주어+동사」의 어순을 취하므로 your house is가 적절.

**09 ⑤** ㅣ 당신이 화가 날 때, 천천히 심호흡하라. 당신이 하고 있는 것은 정신을 맑게 해준다.

해설 불완전한 구조의 명사절을 이끄는 관계대명사 What이 적절.

**10 ③** ㅣ 내가 어렸을 때, 아버지는 내 여동생과 나에게 화가 나셨을 때 큰 소리로 10까지 숫자를 세곤 하셨다.

해설 과거의 습관을 나타내므로 used to count가 적절. 「be used to+동사원형」은 '~에 사용되다'의 의미. 「be used to+명사[v-ing]」는 '~에 익숙하다'의 의미.

**11 ②** ㅣ 누군가와 집을 교환하는 것은 당신의 휴가를 보내는 좋은 방법이다. 왜냐하면, 당신은 숙박할 곳에 돈을 내지 않아도 되기 때문이다.

해설 빈칸 다음이 주절(집을 교환하는 것이 휴가를 보내는 좋은 방법)의 이유를 나타내므로 접속사 because가 적절.

# Things to Consider

## Quick Check

본문 p.52

| ❶ | ❷ | ❸ | ❹ | ❺ |
|---|---|---|---|---|
| 01. b | 01. c | 01. e | 01. c | 01. e |
| 02. f | 02. a | 02. f | 02. e | 02. b |
| 03. e | 03. d | 03. a | 03. d | 03. a |
| 04. d | 04. e | 04. d | 04. b | 04. c |
| 05. a | 05. b | 05. b | 05. a | 05. f |
| 06. g | | 06. c | | 06. d |
| 07. c | | | | |

**1**

Before Reading　　　　　　　　(b)　　　　　　　　　　　　　　　본문 p.54
Getting the BIG PICTURE　　　01 (a)　02 (c)　03 ③
Focusing on DETAILS　　　　　04 (c)　05 ③

## 해설 & 해석

### Before Reading

지문의 처음 두 문장을 읽어보세요.
아마도 이 지문은 '(b) 지구를 보호하는 것'에 관한 내용일 것이다.
(a) 재사용과 재활용하는 것　(b) 지구를 보호하는 것

### Getting the BIG PICTURE

우리는 지구 환경을 보호하기 위해 쓰레기를 다시 사용한다.
우리가 할 수 있는 것이 더 있다.
물건을 01 (a) 사기 전에 신중히 생각하라.
(a) 사기　(b) 팔기　(c) 재활용하기
이것을 함으로써, 쓰레기를 02 (c) 줄일 수 있고 환경보호를 할 수 있다.
(a) 분리하다　(b) 재사용하다　(c) 줄이다

03 지문에 가장 적절한 주제를 고르는 문제이다. 지구 환경을 보호하기 위해 쓰레기를 줄일 수 있는 방법에 대해 알려주는 내용이다. 따라서 정답은 ③.
① 재사용과 재활용의 중요성
② 환경을 위한 도움을 얻을 수 있는 가장 좋은 방법
③ 환경을 위해 쓰레기를 줄이는 것
④ 기업들이 어떻게 (물건을) 팔고 사람들이 어떻게 구매하는가
⑤ 사람들이 왜 필요 없는 것들을 사고파는가

### Focusing on DETAILS

04 again의 뜻으로 쓰이지 않은 것은 (c)의 reduce(줄이다)이다.
(a) 내 딸은 봉투를 재사용한다.
(b) 그 나라는 쓰레기의 40%를 재활용한다.
(c) 너의 식단에 지방 섭취량을 줄이려 노력해라.

05 물건을 살 때 신중히 생각하지 않으면 필요하지 않거나 심지어 원하지도 않는 물건을 사게 되어 결국, 쓰레기를 만들게 된다는 내용이다. 따라서 정답은 ③.
① 최신 모델을 선택하라
② 할인권을 사용하는 것을 잊지 말라
③ 당신에게 필요한 것인지 다시 생각하라
④ 용돈을 낭비하지 말라
⑤ 가장 저렴한 상점을 찾으라

## 직독직해

¹To help save our planet, / you already reuse and recycle things. ²But
　지구의 환경을 보호하기 위해,　　　　　당신은 이미 물건을 재사용하고 재활용한다.

## 해석

¹지구의 환경을 보호하기 위해, 당신은 이미 물건을 재사용하고 재활용한다. ²그러나 그것이

that's not all you can do. ³Companies spend a lot of money / trying to
그러나 그것이 당신이 할 수 있는 전부가 아니다.　　　　　기업은 많은 돈을 들여

get you to buy their goods. ⁴If you don't think carefully, //
당신이 그들의 상품을 사게 하려고 노력한다.　　　　　신중히 생각하지 않으면,

you will keep buying / things that you do not need or even really want.
당신은 계속 사게 될 것이다　　　　　필요하지 않거나 심지어 정말 원하지도 않는 물건을.

⁵Start by asking yourself, "Do I really need a new phone or a brand-new
자기 자신에게 질문하는 것으로 시작하라.　　　"나는 정말로 새 전화기나 최신 MP3 플레이어가 필요할까

MP3 player // even though I have one that still works?" ⁶Think
　　　　　아직 잘 작동하는 것을 갖고 있는데도?"　　잘 생각하라

carefully, // and make sure // you have good reasons for spending your
　　　그리고 확인하라　　　　　　돈을 쓸 만한 타당한 이유가 있는지.

money. ⁷If you do this, // you will reduce the amount of waste in the
　　　이렇게 한다면,　　　　당신은 전 세계의 쓰레기양을 줄일 수 있을 것이다

world. ⁸And companies may stop / making so many unnecessary
　　　그리고 기업은 멈출지도 모른다　　　그렇게나 많은 불필요한 물건을 만들어내는 것을.

things. ⁹So, whenever you are shopping, // think again about whether
　　　그러므로, 쇼핑할 때마다,　　　　당신에게 필요한 것인지 다시 생각하라

you need it. ¹⁰It's one more good way / to be green.
　　　그것은 또 하나의 좋은 방법이다　　　환경을 보호하는.

당신이 할 수 있는 전부가 아니다. ³기업은 많은 돈을 들여 당신이 그들의 상품을 사게 하려고 노력한다. ⁴신중히 생각하지 않으면, 당신은 필요하지 않거나 심지어 정말 원하지도 않는 물건을 계속 사게 될 것이다. ⁵자기 자신에게 질문하는 것으로 시작하라. "나는 아직 잘 작동하는 것을 갖고 있는데도 정말로 새 전화기나 최신 MP3 플레이어가 필요할까?" ⁶잘 생각하라. 그리고 돈을 쓸 만한 타당한 이유가 있는지 확인하라. ⁷이렇게 한다면, 당신은 전 세계의 쓰레기양을 줄일 수 있을 것이다. ⁸그리고 기업은 그렇게나 많은 불필요한 물건을 만들어내는 것을 멈출지도 모른다. ⁹그러므로 쇼핑할 때마다, 당신에게 필요한 것인지 다시 생각하라. ¹⁰그것은 환경을 보호하는 또 하나의 좋은 방법이다.

## 구문해설

**3** Companies **spend** *a lot of money* **trying to get you to buy** their goods.
▶ 「spend+시간[돈]+-ing」는 '~하는 데 시간[돈]을 쓰다'란 뜻. to부정사구에 「get+목적어+to+동사원형」의 구조가 쓰였다. '~가 …하게 하다'란 뜻이다.

**4** ~, you will **keep buying** *things* [**that** you do not need or even really want].
▶ 「keep+-ing」는 '계속해서 ~하다'란 뜻. that 이하가 things를 수식하고 있다.

**9** So, **whenever** you are shopping, think again about whether you need it.
▶ whenever는 '~할 때마다'란 뜻. at any time when으로 바꿔 쓸 수 있다.

---

**2** Before Reading　　　　(a)　　　　　　　　　　　　　　　　　　　　　　본문 p.56
　　Getting the BIG PICTURE　01 (a)　02 (c)　03 (b)　04 ④
　　Focusing on DETAILS　　05 ④, ⑤　06 ①

## 해설 & 해석

### Before Reading

지문의 주제를 찾을 때까지 지문을 대강 훑어보세요.
아마도 이 지문은 '(a) 아침 시간'에 관한 내용일 것이다.
(a) 아침 시간　(b) 조용한 삶

### Getting the BIG PICTURE

평소보다 한 시간 일찍 01 (a) 일어나는 것은 좋은 생각이다.

(a) 일어나는 것　(b) 잠을 자는 것　(c) 떠날 계획을 하는 것
당신은 02 (c) 시간이 부족하여 평소에 할 수 없는 것들을 할 수 있다.
(a) 동기　(b) 지식　(c) 시간

그것은 당신의 03 (b) 스트레스를 줄이는 좋은 방법이다.
(a) 활기　(b) 스트레스　(c) 집안일

04　지문의 요지를 묻는 문제이다. 평소 일어나는 시간보다 일찍 일어났을 때의 좋은 점을 언급하고 나서, 아침에 한 시간의 여유 시간을 가져라고 권하고 있다. 따라서 이 글의 요지는 ④.

① 산책을 더 자주 하라.
② 매일 아침식사를 하라.
③ 밤 12시 이전에 잠자리에 들라.
④ 아침 시간을 늘리라.
⑤ 하루하루 매 순간을 사랑하라.

Focusing on DETAILS

05 ① 산책을 할 수 있고(You could go for a walk), ② 수영을 할 수 있고(go swimming), ③ 맛있는 아침식사를 만들 수 있다(make a delicious breakfast)고 했으므로 소개된 예시가 아닌 것은 ④, ⑤.

06 빈칸에 들어갈 적절한 말을 묻는 문제이다. 한 시간 일찍 일어나면 아침 시간을 유용하게 쓸 수 있다고 말하고 있다. 그러므로 아침에 보내는 한 시간의 여유 시간이 피곤한 일과가 끝나는 때의 한 시간보다 훨씬 ① '더 유용하다(more useful)'가 와야 한다.
① 더 유용한
② 더 추운
③ 더 안전한
④ 더 붐비는
⑤ 더 짧은

## 직독직해

¹The best hour of the day / is the one before you usually wake up.
하루 중 가장 좋은 시간은     당신이 평소에 일어나기 전 시간이다.

²If you're like most people, // your wake-up time only gives you just
만약 당신이 대다수 사람들과 같다면,     당신의 기상 시간은 단지 (~하기에) 충분한 시간만을 줄 뿐이다

enough time / to eat breakfast and run to school. ³Imagine how nice it
아침을 먹고 학교에 달려가기에.     얼마나 좋을지를 상상해 봐라

would be // if you had a whole extra hour in the morning. ⁴You could
만약 당신이 아침에 한 시간의 완전한 여유 시간을 갖게 된다면.     당신은 할 수 있을 것이다

do / things you don't usually have enough time for. ⁵You could go for a
평소에는 충분한 시간이 없어서 하지 못하는 일들을.     당신은 산책하러 가거나

walk, go swimming, // or make a delicious breakfast. ⁶Adding an hour
수영을 하거나 맛있는 아침식사를 만들 수 있을 것이다.     아침에 한 시간을 더하는 것은

to your morning / is a great way to reduce stress // if you use the hour
스트레스를 줄이는 아주 좋은 방법이 된다     당신이 일 이외의 다른 것에 그 시간을 사용한다면.

to do something other than work. ⁷You may have to go to bed a little
        당신은 조금 더 일찍 자야 할지도 모른다.

earlier. ⁸But an extra hour in the morning is so much more useful /
그러나 아침에 보내는 한 시간의 여유 시간이 훨씬 더 유용하다

than at the end of the day when you're tired. ⁹If you've never woken up
피곤한 하루 일과가 끝나는 때의 한 시간보다.     만약 당신이 지금까지 그 조용한 시간을 즐기려고

to enjoy that quiet hour // before the sun comes up, // try it tomorrow.
일어난 적이 없다면     태양이 떠오르기 전에.     내일 (바로) 시도해봐라.

¹⁰You will be amazed / by the peace and energy you can add to your
당신은 놀라게 될 것이다     자신의 삶에 더해지는 평화와 활력에.

life.

## 해석

¹하루 중 가장 좋은 시간은 당신이 평소에 일어나기 전 시간이다. ²만약 당신이 대다수 사람들과 같다면, 당신의 기상 시간은 단지 아침을 먹고 학교에 달려가기에만 충분한 시간을 줄 뿐이다. ³만약 당신이 아침에 한 시간의 완전한 여유 시간을 갖게 된다면, 얼마나 좋을지를 상상해 봐라. ⁴당신은 평소에는 충분한 시간이 없어서 하지 못하는 일들을 할 수 있을 것이다. ⁵당신은 산책하러 가거나 수영을 하거나 맛있는 아침식사를 만들 수 있을 것이다. ⁶아침에 한 시간을 더하는 것은 당신이 일 이외의 다른 것에 그 시간을 사용한다면, 스트레스를 줄이는 아주 좋은 방법이 된다. ⁷당신은 조금 더 일찍 자야 할지도 모른다. ⁸그러나 아침에 보내는 한 시간의 여유 시간이 피곤한 하루 일과가 끝나는 때의 한 시간보다 훨씬 더 유용하다. ⁹만약 당신이 지금까지 태양이 떠오르기 전의, 그 조용한 시간을 즐기려고 일어난 적이 없다면, 내일 (바로) 시도해 봐라. ¹⁰당신은 자신의 삶에 더해지는 평화와 활력에 놀라게 될 것이다.

## 구문해설

5  You could **go** for a walk, **go** swimming, *or* **make** a delicious breakfast.
▶ 조동사 could에 이어지는 go ~, go ~, make ~가 or로 대등하게 연결된 구조이다. or로 연결되는 대상은 서로 문법적 성격이 대등한 것이어야 한다.

8  But an extra hour in the morning is **so much** more useful than ~.
▶ 여기서 so much는 비교급(more useful)을 수식해주는 부사로 강조를 위해 쓰였다. '훨씬'이란 뜻이다.

**3**

Before Reading        (b)

Getting the BIG PICTURE    01 (b)  02 (b)  03 (a)  04 ②

Focusing on DETAILS        05 ⑤  06 (a) impolite  (b) impossible

## 해설 & 해석

### Before Reading

지문 전체를 대강 훑어보고 가장 많이 쓰인 구를 고르세요.

(b) 관계를 끝내는 것

(a) 낮은 시험 점수를 받는 것 (b) 관계를 끝내는 것

### Getting the BIG PICTURE

누군가와의 관계를 끝낼 땐 미리 준비하라.

누군가와 역할극을 하고 다양한 01 (b) 반응들을 상상하라.

(a) 이유들 (b) 반응들 (c) 이미지들

02 (b) 침착함을 유지하는 것을 연습하라.

(a) 발랄한 (b) 침착한 (c) 조용한

당신의 관계를 03 (a) 다른 사람 없는 데서 그리고 직접 끝내라.

(a) 다른 사람 없는 데서 (b) 공개적으로 (c) 미리

04 지문에 가장 적절한 제목을 고르는 문제이다. 누군가와의 관계를 끝내기 전에 미리 준비하라고 말하고 있고, 준비하는 방법들을 알려주고 있

다. 따라서 정답은 ②.

① 화를 가라앉히는 것을 배우기

② 누군가와 관계를 끝내는 방법

③ 다른 사람들과 관계를 형성하는 방법

④ 차였을 때 힘을 내라

⑤ 누군가를 잃는 것은 왜 아픈 일인가

### Focusing on DETAILS

05 차이는 것만큼 차는 것 또한 어려운 일이며 침착하고 단호하게 이별을 전하려면 준비가 필요하다는 내용이다. 이별을 통보하는 건 기분이 상할 수밖에 없는 일이란 언급은 있었으나 상대방을 기분 나쁘게 하지 말라는 언급은 없었으므로 정답은 ⑤.

06 (a) 만약 어떤 사람이 무례하다면, 그 혹은 그녀는 버릇이 없는 것이다.

(b) 어떤 것이 불가능하다면, 그것은 일어날 수도 할 수도 없다.

따라서 (a) impolite, (b) impossible이 정답이다.

## 직독직해

¹What would be worse: getting a low score on the big math test, / or
무엇이 더 나쁠까      중요한 수학 시험에서 낮은 점수를 받는 것과

being dumped // (having your boyfriend or girlfriend end a relationship
차이는 것      (즉, 남자친구나 여자친구가 당신과의 관계를 끝내는 것 중에?

with you)? ²If you have ever been dumped, // you know the answer is
당신이 차여본 적이 있다면,      당신은 그 답이 "차이는 것"이란 걸 안다.

"being dumped." ³It hurts. Badly. ⁴But doing the dumping is horrible,
차이는 건 상처가 된다. 그것도 몹시.      그러나 차는 것 또한 끔찍하다.

too. ⁵You have to be strong. ⁶So, before ending your relationship with
당신은 강해져야만 한다.      그러니 누군가와의 관계를 끝내기 전에

someone, // be prepared. ⁷To begin with, / ask a friend to do role-plays
미리 준비하라.      먼저,      친구에게 역할극을 같이 해달라고 부탁하라.

with you. ⁸Imagine different ways // your boyfriend or girlfriend could
여러 방식들을 상상하라      남자친구나 여자친구가 취할 수 있는

act // when you tell them the relationship is finished. ⁹Then, / practice
당신이 관계가 끝났다고 말할 때.      그런 다음에,

how you will remain calm but strong. ¹⁰Try to avoid ending the
어떻게 하면 침착하면서도 단호함을 유지할 수 있을지 연습하라.      공공장소에서 관계를 끝내는 것을 피하도록 노력하라.

relationship in a public place. ¹¹And never dump someone / by email,
그리고 절대 이별을 고하지 마라      이메일,

text message, phone, or on a blog. ¹²It's impolite. ¹³Be kind, be clear, //
문자 메시지, 전화, 또는 블로그로.      그것은 예의에 어긋난다.      친절하고 명확하게 이야기하고,

## 해석

¹중요한 수학 시험에서 낮은 점수를 받는 것과 차이는 것 (즉, 남자친구나 여자친구가 당신과의 관계를 끝내는 것) 중에 무엇이 더 나쁠까? ²당신이 차여본 적이 있다면, 당신은 그 답이 "차이는 것"이란 걸 안다. ³차이는 건 상처가 된다. 그것도 몹시. ⁴그러나 차는 것 또한 끔찍하다. ⁵당신은 강해져야만 한다. ⁶그러니 누군가와의 관계를 끝내기 전에 미리 준비하라. ⁷먼저, 친구에게 역할극을 같이 해달라고 부탁하라. ⁸당신이 관계가 끝났다고 말할 때, 남자친구나 여자친구가 취할 수 있는 여러 방식들을 상상하라. ⁹그런 다음에, 어떻게 하면 침착하면서도 단호함을 유지할 수 있을지 연습하라. ¹⁰공공장소에서 관계를 끝내는 것을 피하도록 노력하라. ¹¹그리고 절대 이메일, 문자 메시지, 전화, 또는 블로그로 이별을 고하지 마라. ¹²그것은 예의에 어긋난다. ¹³친절하고 명확하게 이야기하고, 기분 나빠지는 것을 두려워하지 마라! ¹⁴차는 것은 원래 기분이 상하는 일이니까!

and don't be afraid of getting upset! <sup>14</sup>It is an upsetting thing to do!
기분 나빠지는 것을 두려워하지 마래!　　　　　차는 것은 원래 기분이 상하는 일이니깐!

## 구문해설

2　If you **have ever been dumped**, you know the answer is "being dumped."
　　▶ 현재완료(have p.p.)와 수동태(be p.p.)가 결합한 「have been p.p.」의 형태. 「Have you ever p.p. ~?」는 '경험'을 나타내어 '~한 적이 있는가?'라는 뜻.

8　Imagine *different ways* [(**that**) your boyfriend or girlfriend could act ~].
　　V　　　　　O
　　▶ 앞에 You가 생략된 명령문 구조이다. that 이하가 different ways를 꾸며주어 목적어가 길어졌다.

10　Try to **avoid ending** the relationship in a public place.
　　▶ avoid는 동명사(-ing)를 목적어로 취하는 동사이다. 「avoid+-ing (~하는 것을 피하다)」.

---

**4**　Before Reading　　　(a)　　　　　　　　　　　　　　　　본문 p.60
　　Getting the BIG PICTURE　01 (c)　02 (b)　03 (a)　04 ⑤
　　Focusing on DETAILS　　05 어머니나 아버지가 당신에게 소리를 지르더라도 놀라지 마라.
　　　　　　　　　　　　　　06 (a), (c)　07 ④

## 해설 & 해석

### Before Reading

독해에 앞서, 아래 제시된 단어와 구를 보세요.
부모님 / 네가 있는 곳 / 자유 시간 / 안전한 / 규칙들
아마도 이 지문은 '(a) 부모님과 당신의 자유 시간'에 관한 내용일 것이다.
(a) 부모님과 당신의 자유 시간　(b) 부모님의 의무

### Getting the BIG PICTURE

부모님과 함께 당신의 자유 시간에 대해 몇 가지 규칙을 만들고 그것들을
01 (c) 따르라.
(a) 상기시키다　(b) 쓰다　(c) 따르다
밖으로 나갈 때마다 당신이 어디를 가는지에 대해 02 (b) 부모님에게 알려라.
(a) 당신은 거짓말을 할 수 있다
(b) 그들이 알 수 있게 하다
(c) 결정을 내리다
그것은 부모님이 당신을 03 (a) 믿도록 도와줄 것이고, 더 많은 자유 시간을
줄 것이다.
(a) 믿다　(b) 연락하다　(c) 안내하다

04　필자의 주장이 무엇인지 물어보는 문제이다. 필자는 부모님과 규칙을

함께 정해 부모님이 신뢰할 수 있게끔 하라고 말하고 있다. 따라서 정답
은 ⑤.

### Focusing on DETAILS

05　밑줄 친 부분(don't be surprised if Mom or Dad shouts at
　　you)의 뜻은 '어머니나 아버지가 당신에게 소리를 지르더라도 놀라지
　　마라.'이다.

06　본문의 establish는 바로 다음 분상에 나오는 예시를 보고 알 수 있
　　다. 예로, 외출할 때마다 메모나 전화 메시지를 남기겠다고 동의하는 것
　　이 제시되었으므로 '세우다, 만들다, 제정하다'라는 뜻이며, 이와 가장
　　의미가 비슷한 것은 (a) 만들다, (c) 창조하다 이다.
　　(a) 만들다　(b) 깨다　(c) 창조하다　(d) 기억하다

07　밑줄 친 It 앞부분을 보면 필자는 부모님과 함께 몇 가지 규칙을 만들고
　　이것을 따르라고 말하고 있다. 따라서 정답은 ④.
　　① 친구들과 함께 늦게까지 밖에서 어울리는 것
　　② 집에서 자유 시간을 보내는 것
　　③ 당신이 안전한 장소에 있다는 것을 아는 것
　　④ 몇 가지 규칙을 만들고 그것들을 따르는 것
　　⑤ 부모님이 당신의 자유 시간의 일정을 계획하게 하는 것

¹Are your parents always worrying about // where you are in your
당신의 부모님께서는 항상 걱정하시는가          당신이 자유 시간에 어디 있는지에 대해?

free time? ²If you usually get home from school at 3 p.m., // your
만약 당신이 보통 학교에서 오후 3시에 집에 오는데.

parents will be very worried // if you haven't shown up by 4. ³And if
당신의 부모님은 엄청나게 걱정하실 것이다          당신이 4시까지 모습을 보이지 않으면.

you don't get home until 5, // don't be surprised // if Mom or Dad
그리고 5시까지 집에 오지 않는다면.          놀라지 마라          어머니나 아버지가

shouts at you. ⁴Let your parents know // where you are. ⁵They need to
당신에게 소리를 지르더라도.     부모님께서 아시게 하라     당신이 어디에 있는지     부모님은 아실 필요가 있다

know // that you are safe. ⁶Talk with them about your free time.
당신이 안전한지를.          당신의 자유 시간에 대해 부모님과 대화를 나누라.

⁷Together, / you can establish some rules. ⁸For example, / you may
(부모님과) 함께 몇 가지 규칙을 만들 수 있을 것이다.          예를 들면.

agree to leave a note or a phone message about // where you are going //
메모를 남기거나 전화 메시지를 남기는 것에 동의할 수 있다          당신이 가는 곳에 대해

each time you go out. ⁹If you always tell the truth about where you are, //
밖에 나갈 때마다.          당신이 어디 있는지에 대해 만약 항상 사실대로 말한다면

you can stay out longer. ¹⁰It doesn't mean you're a baby. ¹¹It's one way //
당신은 밖에서 더 오래 머무를 수 있다.     그것은 당신이 아기라는 것을 의미하지는 않는다.     그것은 한 가지 방법이다

that parents can learn to trust you more // and give you more free time.
부모님이 당신을 더 믿음직스럽게 생각하게 되어          당신에게 더 많은 자유 시간을 주실 수 있게 하는.

## 해석

¹당신의 부모님께서는 당신이 자유 시간에 어디 있는지에 대해 항상 걱정하시는가? ²만약 당신이 보통 학교에서 오후 3시에 집에 오는데, 부모님은 당신이 4시까지 모습을 보이지 않으면 엄청나게 걱정하실 것이다. ³그리고 5시까지 집에 오지 않는다면, 어머니나 아버지가 당신에게 소리를 지르더라도 놀라지 마라. ⁴부모님께서 당신이 어디에 있는지 아시게 하라. ⁵부모님은 당신이 안전한지를 아실 필요가 있다. ⁶당신의 자유 시간에 대해 부모님과 대화를 나누라. ⁷(부모님과) 함께 몇 가지 규칙을 만들 수 있을 것이다. ⁸예를 들면, 밖에 나갈 때마다 당신이 가는 곳에 대해 메모를 남기거나 전화 메시지를 남기는 것에 동의할 수 있다. ⁹만약 당신이 어디 있는지에 대해 항상 사실대로 말한다면, 당신은 밖에서 더 오래 머무를 수 있다. ¹⁰그것은 당신이 아기라는 것을 의미하지는 않는다. ¹¹그것은 부모님이 당신을 더 믿음직스럽게 생각하게 되어 당신에게 더 많은 자유 시간을 주실 수 있게 하는 한 가지 방법이다.

## 구문해설

4    Let your parents know where you are.
     V    O           C

   ▶ 「let+목적어+동사원형」은 '~가 …하게 하다'란 뜻. know의 목적어로 「의문사+주어+동사」의 의문사절이 쓰였다.

8    ~ where you are going each time you go out.

   ▶ 「each time+주어+동사 ~」는 '~할 때마다'란 뜻이다.

11   It's one way [that parents can learn to trust you more and give you more free time].

   ▶ that 이하가 one way를 꾸미고 있다.

---

**5** Before Reading          (a)                                          본문 p.62

Getting the BIG PICTURE    01 (a)  02 (b)  03 (b)  04 ①

Focusing on DETAILS         05 ④  06 ⑤

## 해설 & 해석

### Before Reading

지문의 처음 두 문장을 읽어보세요.
아마도 이 지문은 '(a) 책을 읽는 속도'에 관한 내용일 것이다.

(a) 책을 읽는 속도  (b) 책을 읽는 목적

### Getting the BIG PICTURE

오늘날 책을 01 (a) 빠르게 읽을 수 있는 것은 중요하다.

(a) 빠르게 읽다  (b) 읽고 쓰다

같은 부분을 02 (b) 반복해서 읽지 말라.

(a) 큰 소리로  (b) 반복하여

03 (b) 한 번에 전체 문장을 이해하려고 노력하라.

(a) 완벽하게  (b) 한 번에

04 지문에 가장 적절한 주제를 고르는 문제이다. 필자는 책을 읽는 속도가 중요하다고 말하고 있으며 가능한 많은 책을 읽으려 노력한다면 좋은 독서가가 될 수 있다고 말하고 있다. 따라서 정답은 ①.

① 더 좋은 독서가가 되는 방법

② 정보를 모으는 방법
③ 읽을거리의 늘어나는 양
④ 사람들이 독서를 좋아하는 다양한 이유들
⑤ 어휘력을 향상시키는 방법들

### Focusing on DETAILS

05 빈칸 앞은 정보를 빨리 수집하려면 책 읽는 속도가 중요하다는 내용이다. 빈칸 뒤는 읽은 부분을 다시 읽으며 시간을 낭비한다는 내용으로, 두 개의 상반된 내용이 이어지므로 정답은 '역접'을 나타내는 ④.

① 또한
② 결과적으로
③ 게다가
④ 그러나
⑤ 예를 들어

06 단어의 의미 파악을 위해 읽은 내용을 또 읽는 습관은 읽기 속도뿐만 아니라 글에 대한 이해도까지 떨어뜨린다고 했으므로 정답은 ⑤.

---

## 직독직해

¹You can read novels for pleasure / or textbooks for study. ²Whatever
당신은 재미 삼아 소설을 읽을 수 있다        또는 공부를 위해 교과서를 (읽을 수 있다).        무엇을 읽든 간에,

you read, // your reading speed is key. ³That's because // these days,
             책을 읽는 속도가 중요하다.        왜냐하면        오늘날,

gathering information quickly / is one of the most valuable skills.
정보를 빨리 수집하는 것은        매우 중요한 능력 중 하나이기 때문이다.

⁴However, / people often waste their time / by going back and reading
그러나        사람들은 종종 시간을 낭비한다        되돌아가

things again and again / to check the meaning of words. ⁵This habit
반복해서 읽음으로써        단어의 의미를 확인하기 위해        이러한 습관은

not only reduces reading speed // but it also reduces understanding.
읽는 속도뿐만 아니라        이해력 또한 감소시킨다.

⁶Try to keep your eyes moving left-to-right. ⁷Do not stop at every
눈을 왼쪽에서 오른쪽으로 계속해서 움직이도록 노력하라.        모든 단어에서 멈추지 말고,

word, // but try to understand whole sentences at a time. ⁸If you try to
             한 번에 전체 문장을 이해하려고 해보라.

follow this advice // and read as many books as possible, // you can be
이 조언을 따라        가능한 한 많은 책을 읽으려고 노력한다면,        당신은

a good reader.
훌륭한 독서가가 될 수 있다.

---

## 해석

¹당신은 재미 삼아 소설을 읽거나 공부하기 위해 교과서를 보기도 한다. ²무엇을 읽든 간에, 책을 읽는 속도가 중요하다. ³왜냐하면 오늘날, 정보를 빨리 수집하는 것은 매우 중요한 능력 중 하나이기 때문이다. ⁴그러나 사람들은 단어의 의미를 확인하기 위해 되돌아가 반복해서 읽음으로써 종종 시간을 낭비한다. ⁵이러한 습관은 읽는 속도뿐만 아니라 이해력 또한 감소시킨다. ⁶눈을 왼쪽에서 오른쪽으로 계속해서 움직이도록 노력하라. ⁷모든 단어에서 멈추지 말고, 한 번에 전체 문장을 이해하려고 해보라. ⁸이 조언을 따라 가능한 한 많은 책을 읽으려고 노력한다면, 당신은 훌륭한 독서가가 될 수 있다.

---

## 구문해설

4   However, people often waste their time **by going** back *and* **reading** things again and again / **to check** the meaning of words.
    ▶ 「by+-ing」은 '~함으로써'란 뜻. 두 개의 동명사구(going ~, reading ~)가 and로 대등하게 연결되어 있다. 여기서 to부정사(to check)는 '~하기 위해서'란 뜻으로 목적을 나타낸다.

5   This habit **not only** reduces reading speed **but** it **also** reduces understanding.
> ▶ 「not only A but also B」는 'A뿐만 아니라 B도'란 뜻.

6   Try to **keep** *your eyes* **moving** left-to-right.
> ▶ 「keep+목적어+-ing」은 '～을 계속 …하게 하다'란 뜻.

8   ~ and read **as** *many books* **as possible**, you can be a good reader.
> ▶ 「as ~ as possible」은 '가능한 한 ～하게[한]'란 뜻. as many books as possible은 '가능한 한 많은 책'으로 해석한다.

---

## Grammar & Usage

본문 p.64

| | | | | |
|---|---|---|---|---|
| 01 To help | 02 run | 03 to leave | 04 surprised | 05 skills |
| 06 × → trying | 07 × → it would | 08 × → is | 09 ○ | 10 ④ |
| 11 ③ | | | | |

---

**01  To help** ｜ 지구의 환경을 보호하기 위해, 당신은 이미 물건을 재사용하고 재활용한다.

[해설] 문장의 동사로 reuse와 recycle이 있으므로 네모는 준동사 형태로 '～하기 위해'의 의미인 to부정사가 적절.

**02  run** ｜ 만약 당신이 대다수 사람들과 같다면, 당신의 기상 시간은 단지 아침을 먹고 학교에 달려가기에 충분한 시간만을 줄 뿐이다.

[해설] 등위접속사 and로 이어진 구조로 문맥상 and 앞의 eat과 동일한 형태인 run이 적절.

**03  to leave** ｜ 당신이 안전하다는 걸 당신의 부모님께서 아시게 하려고, 당신은 당신의 자유 시간에 당신이 가는 곳에 대해 메모를 남기거나 전화 메시지를 남기는 것에 동의할 수 있다.

[해설] 문맥상 동사 agree의 목적어 자리이고, agree는 to부정사만을 목적어로 취하는 동사이다.

**04  surprised** ｜ 만약 당신이 보통 학교에서 오후 3시에 집에 오는데 5시까지 집에 오지 않는다면, 어머니나 아버지가 당신에게 소리를 지르더라도 놀라지 마라.

[해설] 명령문에서의 의미상의 주어(you)가 놀라는 감정을 느끼는 것이므로 surprised가 적절.

**05  skills** ｜ 오늘날, 정보를 빨리 수집하는 것은 매우 중요한 능력 중 하나이다.

[해설] 「one of the+최상급+복수 명사」를 이용한 최상급 표현이므로 복수형 skills가 적절.

**06  × → trying** ｜ 기업은 많은 돈을 들여 당신이 그들의 상품을 사게 하려고 노력한다.

[해설] '～하는 데 시간[돈]을 쓰다'란 뜻의 「spend+시간[돈]+ v-ing」 표현이므로 trying이 적절.

**07  × → it would** ｜ 만약 당신이 아침에 한 시간의 완전한 여유 시간을 갖게 된다면 얼마나 좋을지 상상해 봐라.

[해설] 목적어 역할을 하는 간접의문문이므로 「의문사+주어+조동사」의 어순이 적절.

**08  × → is** ｜ 아침에 한 시간을 더하는 것은 스트레스를 줄이는 아주 좋은 방법이 된다.

[해설] 동명사 Adding이 주어로 쓰였으므로 동사는 단수 형태의 is가 적절.

**09  ○** ｜ 중요한 수학 시험에서 낮은 점수를 받는 것과 차이는 것 중 무엇이 더 나쁠까?

[해설] 문맥상 getting과 or로 연결된 병렬구조이므로 being이 적절.

**10  ④** ｜ •나는 아직 잘 작동하는 것을 갖고 있는데도 정말로 새 전화기나 최신 MP3 플레이어가 필요할까?
•아침에 보내는 한 시간의 여유 시간이 피곤한 하루 일과가 끝나는 때의 한 시간보다 훨씬 더 유용하다.

[해설] (A)에는 문맥상 '～에도 불구하고'의 뜻을 나타내는 접속사 even though가 적절. (B)에는 비교급인 more useful을 수식하는 much가 적절.

**11  ③** ｜ •누군가와의 관계를 끝내기 전에 당신은 미리 준비해야 한다.
•사람들은 종종 반복해서 읽는다. 그리고 이러한 습관은 읽는 속도뿐만 아니라 이해력 또한 감소시킨다.

[해설] 전치사 before 다음이므로 (A)에는 동명사 ending이 적절. 두 번째 문장은 문맥상 「not only A but also B(A뿐만 아니라 B도)」가 쓰였으므로 (B)에는 but이 적절.

# *Interesting Ideas*

## Quick Check

본문 p.66

| ❶ | ❷ | ❸ | ❹ | ❺ |
|---|---|---|---|---|
| 01. e | 01. e | 01. f | 01. e | 01. d |
| 02. c | 02. a | 02. a | 02. a | 02. b |
| 03. f | 03. d | 03. d | 03. d | 03. c |
| 04. b | 04. b | 04. b | 04. c | 04. f |
| 05. d | 05. f | 05. g | 05. b | 05. a |
| 06. a | 06. c | 06. c | | 06. e |
| | | 07. e | | |

---

**1**

Before Reading　　　　　(b)　　　　　　　　　　　　　　　　　본문 p.68

Getting the BIG PICTURE　01 (a)　02 (b)　03 (c)　04 ③

Focusing on DETAILS　　05 **the letter**　06 ①

---

## 해설 & 해석

### Before Reading

지문의 처음 세 문장을 읽어보세요.

아마도 이 지문은 '(b) 편지를 보내는 것'에 관한 내용일 것이다.

(a) 시간을 보내는 것　(b) 편지를 보내는 것

### Getting the BIG PICTURE

시간이 지남에 따라, 사람들은 01 (a) 변한다.

(a) 변하다　(b) 사라지다　(c) 바빠지다

미래의 자신에게 편지를 보내는 것은 흥미로운 일이다.

02 (b) 당신이 지금 누구인지에 대해 모두 적어라.

(a) 당신이 되고 싶은 사람이 누구인지　(b) 당신이 지금 누구인지

(c) 당신이 경험한 것이 무엇인지

그 편지를 몇몇 안전한 장소에 03 (c) 모아 두어라.

(a) 읽다　(b) 열다　(c) 모으다

미래에, 당신은 이 편지를 발견하고 읽을 수 있다.

04 글의 적절한 요지를 고르는 문제이다. 글의 첫 부분에서 미래의 자신에게 편지를 써 보는 것이 멋진 일이 될 거라고(That's why ~ future

self.) 했고, 그 다음에 그러한 편지를 쓰는 구체적인 방법을 소개하고 있다. 따라서 정답은 ③.

① 상자에 편지를 보관해라.

② 일기에 당신의 비밀들을 적어라.

③ '미래의 당신'에게 편지를 써라.

④ 가장 소중한 추억을 친구들과 함께 나눠라.

⑤ 젊을 때 미래를 준비해라.

### Focusing on DETAILS

05 앞에서 편지를 봉투에 넣고 숨긴다고 말하였고, 이것을 10년 혹은 20년 후에 찾을 것이라 했으므로 밑줄 친 it은 the letter(편지)를 가리킨다.

06 빈칸에 들어갈 가장 알맞은 말을 고르는 문제이다. 편지에 당신이 누구인지, 무엇을 좋아하는지 등을 써놓았기 때문에 이 편지를 나중에 읽게 되면 '당신이 어떤 사람이었는지'에 대해 알 수 있게 된다고 말하고 있다. 따라서 정답은 ①.

① 예전에 (~)이었다　② 되었다　③ 미래에 (~)일 것이다

④ (~)이어야 하다　⑤ (~가) 되기를 원하다

---

### 직독직해

[1]Who you are now / is deeply related to // who you'll be in the future.
현재 당신이 누구인지는　　깊이 관련되어 있다　　미래에 당신이 누구일지와.

### 해석

[1]현재 당신이 누구인지는 미래에 당신이 누구일지와 깊이 관련되어 있다. [2]그러나 시간이 흘러

²However, as time passes, // some of your interests and thoughts can
그러나 시간이 흘러감에 따라          당신의 관심 분야와 생각은 일부 변화할 수 있다.

change. ³That's why // it's cool to send a note to your future self. ⁴Start
그것이 바로 ~인 이유이다          미래의 자신에게 편지를 보내는 것이 멋진.

your letter, "Dear [*your name,*]" // and then write down everything you
"누구[당신의 이름]에게"로 편지를 시작하고          당신이 말하고 싶은 모든 것을 적어라

want to say // about who you are now. ⁵What are your favorite school
현재의 당신에 대해.          당신이 가장 좋아하는 수업 과목은 무엇인가?

subjects? ⁶Who are your best friends, / and why? ⁷What are your
당신의 가장 친한 친구는 누구인가?          그리고 왜 친한가?

hobbies, habits, and favorite things? ⁸What are you scared of? ⁹Once
취미, 습관, 가장 좋아하는 것이 무엇인가?          당신은 무엇을 무서워하는가?

you've written everything, // put the letter in an envelope. ¹⁰Then, hide
모든 것을 다 적었으면.          그 편지를 봉투에 넣어라.          그런 다음.

it in a box // that you will be sure to keep forever. ¹¹In 10 years or even
상자에 그 봉투를 숨겨두어라          당신이 영원히 보관할 수 있다고 생각하는.          10년 또는 20년 후.

20 years / you'll find it, // and the kid you once were / will talk about
당신은 이 편지를 발견하게 될 거고,          한때 당신이었던 그 아이는

who you used to be.
당신이 어떤 사람이었는지에 대해 이야기해 줄 것이다.

감에 따라 당신의 관심 분야와 생각은 일부 변화할 수 있다. ³그것이 바로 미래의 자신에게 편지를 써보는 것이 멋진 이유이다. ⁴"누구[당신의 이름]에게"로 편지를 시작하고 현재의 당신에 대해 말하고 싶은 모든 것을 적어라. ⁵당신이 가장 좋아하는 수업 과목은 무엇인가? ⁶당신의 가장 친한 친구는 누구인가? 그리고 왜 친한가? ⁷취미, 습관, 좋아하는 것이 무엇인가? ⁸당신은 무엇을 무서워하는가? ⁹모든 것을 다 적었으면, 그 편지를 봉투에 넣어라. ¹⁰그런 다음, 당신이 영원히 보관할 수 있다고 생각하는 상자에 그 봉투를 숨겨두어라. ¹¹10년 또는 20년 후, 당신은 이 편지를 발견하게 될 거고, 한때 당신이었던 그 아이는 당신이 어떤 사람이었는지에 대해 이야기해 줄 것이다.

## 구문해설

1  Who you are now is deeply **related to** who you'll be in the future.
    ‾‾‾‾‾‾‾‾‾‾‾‾‾‾‾‾ A                          ‾‾‾‾‾‾‾‾‾‾‾‾‾‾‾‾ B
   ▶ 「A be related to B」는 'A는 B와 관련되다'란 뜻.

3  **That's why it**'s cool **to send** a note to your future self.
                  가주어              진주어
   ▶ 「That's why S+V」는 '그것이 바로 ~인 이유이다'란 뜻. it은 가주어로, to부정사구를 주어로 해석한다.

4  ~ and then write down **everything** [(**that**) you want to *say about* **who** you are now].
                                        └‾‾‾‾‾‾‾┘
   ▶ that이 이끄는 절이 everything을 꾸며준다. that절 내에서 who 이하는 say about의 목적어로 쓰였다.

---

**2** Before Reading          (a)                                                    본문 p.70
   Getting the BIG PICTURE    01 earlier  02 busy  03 relaxing  04 energy  05 ③
   Focusing on DETAILS        06 (a)  07 ④

## 해설 & 해석

### Before Reading

지문의 처음 두 문장을 읽어보세요.
아마도 이 지문은 '(a) 이른' 취침시간에 관한 내용일 것이다.
(a) 이른  (b) 규칙적인

### Getting the BIG PICTURE

일주일에 한 번 01 일찍 잠드는 것은 아주 좋다.
이유 1. 이것은 02 바쁜 평일을 잘 마무리하는 것이다.
이유 2. 이것은 또한 03 느긋한 주말을 위해 좋은 시작이 된다.

이유 3. 이것은 우리에게 일하고 놀 수 있게 해줄 더 많은 04 에너지를 준다.

05 지문에 가장 적절한 주제를 고르는 문제이다. 필자는 일주일에 한 번 일찍 잠드는 것이 좋은 생각이라 말하고 있고, 이에 대한 이유를 들며 일찍 자는 것에 대한 이점들을 나열하고 있다. 따라서 정답은 ③.
① 일찍 잠드는 것을 멈춰야 하는 이유들
② 왜 일찍 잠드는 것이 지키기 어려운 것인가
③ 일주일에 한 번 일찍 잠드는 것에 대한 이점들
④ 주말에 더 기분이 상쾌해지는 방법
⑤ 아침에 일찍 일어나기 위한 비법들

06 본문의 turning out은 '(불을) 끄다'라는 뜻이다. 따라서 정답은 (a).
(a) 자러 갈 때는 잊지 말고 전깃불들을 끄도록 해라.
(b) 사람들은 우리를 환영해주기 위해 모습을 드러냈다.
(c) 그 일은 우리가 생각했던 것보다 더 힘든 것으로 밝혀졌다.

07 빈칸에 들어갈 알맞은 말을 묻는 문제이다. 잠을 일찍 자면 더 상쾌함을 느낄 것이라 말하고 있고, 빈칸에는 잠을 일찍 자는 것과 반대되는 내용이 나와야 하므로 정답은 ④.
① 만약 일찍 잠든다면
② 주말 동안의 당신
③ 누구든지 다른 사람
④ 늦게까지 잠을 자지 않고 있을 때
⑤ 아침의 당신

## 직독직해

¹"Bring bedtime forward once a week." ²A friend told me about this
　　"일주일에 한 번은 자는 시간을 앞당겨라."　　　　　　　한 친구가 내게 이런 말을 했다
idea / a few weeks ago. ³I thought it was a great idea. ⁴Usually, / my
　　몇 주 전에.　　　　　나는 이것이 굉장히 좋은 생각이라고 느꼈다.　　　보통,
bedtime is around midnight. ⁵But I went to bed three hours earlier /
　나의 자는 시간은 자정쯤이다.　　　　　　　그러나 나는 세 시간 일찍 잠자리에 들었다
that Friday night. ⁶It gave me a nice end to a busy week. ⁷Also, / it gave
　그 주 금요일에.　　　　그렇게 한 것은 바쁜 한 주를 잘 마무리할 수 있게 해주었다.　　　또한,
me a good start / for a relaxing Saturday and Sunday. ⁸Now, / I can't
그것은 좋은 시작이 되었다　　느긋한 토요일과 일요일의.　　　　이제,
wait for my quiet, early-to-bed Fridays. ⁹Sunday is also a good night /
나는 조용히 일찍 잠자리에 드는 금요일이 빨리 왔으면 좋겠다.　　일요일 밤 또한 좋다
to try to go to bed by nine o'clock. ¹⁰Then, each Monday morning, /
아홉 시에 자려고 하기에.　　　　　　그렇게 하면 매주 월요일 아침마다,
you'll feel super-ready / to start the busy week ahead. ¹¹Whichever night
당신은 만반의 준비가 되어 있음을 느낄 것이다　바쁜 한 주를 미리 시작할.　　어느 날 밤을 선택하든지,
you choose, / turning out the lights much earlier than you usually do /
　　　　　당신이 평상시보다 훨씬 일찍 불을 끄는 것은
will give excellent results. ¹²You'll be more refreshed than when you
　좋은 결과를 낳을 것이다.　　　당신은 늦게까지 잠을 자지 않고 있을 때보다 훨씬 더 기분이 상쾌할 것이고,
stay up late, // and the added energy will help you work better and
　　　　　　充전된 에너지로 일을 더 잘하고 더 재미있게 놀 수 있을 것이다.
play better.

## 해석

¹"일주일에 한 번은 자는 시간을 앞당겨라." ²몇 주 전에 한 친구가 내게 이런 말을 했다. ³나는 이것이 굉장히 좋은 생각이라고 느꼈다. ⁴보통, 나의 자는 시간은 자정쯤이다. ⁵그러나 나는 그 주 금요일에 세 시간 일찍 잠자리에 들었다. ⁶그렇게 한 것은 바쁜 한 주를 잘 마무리할 수 있게 해주었다. ⁷또한, 그것은 느긋한 토요일과 일요일의 좋은 시작이 되었다. ⁸이제, 나는 조용히 일찍 잠자리에 드는 금요일이 빨리 왔으면 좋겠다. ⁹일요일 밤 또한 아홉 시에 자려고 하기에 좋다. ¹⁰그렇게 하면 당신은 매주 월요일 아침마다, 바쁜 한 주를 미리 시작할 만반의 준비가 되어 있음을 느낄 것이다. ¹¹어느 날 밤을 선택하든지, 당신이 평상시보다 훨씬 일찍 불을 끄는 것은 좋은 결과를 낳을 것이다. ¹²당신은 늦게까지 잠을 자지 않고 있을 때보다 훨씬 더 기분이 상쾌할 것이고, 충전된 에너지로 일을 더 잘하고 더 재미있게 놀 수 있을 것이다.

## 구문해설

8　Now, I **can't wait for** my quiet, early-to-bed Fridays.
▶ 「can't wait for ~」는 '~을 기다릴 수가 없다' 즉 '빨리 ~을 하면 좋겠다'란 뜻.

11　Whichever *night* you choose, *turning out the lights* **much earlier than** *you usually do* / will give excellent
　　　　　　　　S'　　V'　　　　　　　　　　　　　　　S　　　　　　　　　　　　　　　　　　　　　V
results.

▶ Whichever는 뒤의 명사 night를 수식하여 '어떤 ~이든지'라는 뜻. 주절의 주어는 turning out ~ usually do이고 이때의 do는 turn out the lights를 받는다.

12 ~, and the added energy will **help** *you* **work** better *and* **play** better.
▶ 「help+목적어+동사원형」은 '~가 …하게 해 주다, …하는 것을 돕다'란 뜻. 두 개의 동사구 work better와 play better가 and로 대등하게 연결되어 있다.

---

**3** Before Reading (a) 본문 p.72
Getting the BIG PICTURE 01 (b) 02 (a) 03 ①
Focusing on DETAILS 04 ③ 05 frightening

---

## 해설 & 해석

### Before Reading

지문 전체를 대강 훑어보고 가장 많이 쓰인 구를 고르세요.
(a) 성인식
(a) 성인식 (b) 특별한 의식들

### Getting the BIG PICTURE

과거에 소년들은 특별한 의식들을 통해 성인 남성이 되었다.
당신의 성장의 중요한 시기에 자신만의 성인식을 01 (b) 만들 수 있다.
(a) 취소하다 (b) 만들다 (c) 가입하다
예시 1 복장을 입고 의식을 치르는 것
예시 2 야영을 떠나는 것
그렇게 함으로써, 당신은 더 02 (a) 독립적인 사람이 될 수 있다.
(a) 독립적인 (b) 독창적인 (c) 기쁜

03 지문에 가장 적절한 제목을 고르는 문제이다. 필자는 자신만의 성인식을 만들어보는 것을 권하고 있으며 자신만의 성인식을 행함으로써, 진짜 어른이 될 수 있다고 말하고 있다. 따라서 정답은 ①.

① 자신만의 성인식으로 진짜 어른이 되다
② 성인식에서 무엇이 포함되는지
③ 성인식: 소년들이 성인 남성이 되었던 시기
④ 고대문화의 충격적인 관습들
⑤ 어떻게 당신이 성인이 되었는지를 아는가?

### Focusing on DETAILS

04 성인식을 가장 잘 서술한 것을 고르는 문제이다. 마지막 부분에 자신만의 성인식을 행함으로써 진짜 어른이 된다고 말하고 있다. 따라서 정답은 ③.
① 일종의 자연적인 인간 (사회의) 법칙이다.
② 청소년들의 흔한 문제이다.
③ 성인 남성이 되었다는 것을 보여주는 행사이다.
④ 소년이 법적으로 시민이 되는 시기이다.
⑤ 시대에 뒤떨어지며 위험한 관행이다.

05 몇몇 성인식이 예전엔 무섭고 겁나는 것이었다고 말하고 있으므로 빈칸에는 frightening이 적절하다.

---

## 직독직해

[1]Throughout history, in many cultures, / boys became men through
역사적으로 많은 문화권에서 소년은 특별한 의식이나 관습을 통해 성인 남성이 되었다.

special ceremonies and customs / known as coming-of-age celebrations.
성인식이라고 알려져 있는

[2]Some coming-of-age celebrations were frightening. [3]For example,
일부 성인식은 무시무시했다. 예를 들어,

a boy might be sent away without food, water, or weapons, / to survive
소년이 음식, 물, 무기도 없이 멀리 보내졌고, 일정 기간 동안

on his own for a certain time. [4]If he came back alive, // the boy was
혼자 힘으로 살아남아야 했다. 만약 살아서 돌아오면, 그 소년은 그때야

then considered a man.
한 남자로 인정받았다.

[5]Let's bring back coming-of-age celebrations — but not the frightening
성인식을 다시 되살려보자 무서운 성인식 말고!

## 해석

[1]역사적으로 많은 문화권에서 소년은 성인식이라고 알려져 있는 특별한 의식이나 관습을 통해 성인 남성이 되었다. [2]일부 성인식은 무시무시했다. [3]예를 들어, 소년이 음식, 물, 무기도 없이 멀리 보내졌고, 일정 기간 동안 혼자 힘으로 살아남아야 했다. [4]만약 살아서 돌아오면, 그 소년은 그때야 한 남자로 인정받았다.
[5]성인식을 다시 되살려보자. 무서운 성인식 말고 [6]당신 자신만의 성인식을 만들어보는 것은 어떤가? [7]현대의 성인식은 여러 형태가 될 수 있다. [8]특별한 복장을 입고 의식을 치르거나 야영을 떠날 수도 있다. [9]18번째 생일이나, 고등학교를 졸업할 때, 또는 성장과 발달 과정에서 어

ones! ⁶Why don't you invent your own celebration? ⁷A modern
당신 자신만의 성인식을 만들어보는 것은 어떤가?

coming-of-age celebration could take many forms. ⁸You could have a
현대의 성인식은 여러 형태가 될 수 있다.

ceremony in costume, or go on a camping trip. ⁹You could do it /
특별한 복장을 입고 의식을 치르거나  야영을 떠날 수도 있다.          성년식을 할 수도 있다.

on your 18th birthday, // or when you graduate from high school, /
18번째 생일에.                          또는 고등학교를 졸업할 때.

or at some other special time in your growth and development.
또는 성장과 발달 과정에서 어떤 다른 특별한 시기에

¹⁰By doing your own coming-of-age celebration, // you can be a more
자신만의 성인식을 행함으로써.

independent person and feel stronger. ¹¹You're no longer a child!
더 독립적인 사람이 될 수 있고 더 강해지는 것을 느낄 수 있다.          당신은 더 이상 어린아이가 아니다!

You're an adult.
진짜 어른이다.

떤 다른 특별한 시기에 (성인식을) 할 수도 있다. ¹⁰자신만의 성인식을 행함으로써. 더 독립적인 사람이 될 수 있고 더 강해지는 것을 느낄 수 있다. ¹¹당신은 더 이상 어린아이가 아니다! 진짜 어른이다.

## 구문해설

1  ~, boys became men through special ceremonies and customs [**known as** coming-of-age celebrations].
   ▶ 「known as+명사」는 '~로 알려진'이란 뜻. known as coming-of-age celebrations가 앞의 special ceremonies and customs를 수식하고 있다.

6  **Why don't you** *invent* your own celebration?
   ▶ 「Why don't you+동사원형」은 '~하는 게 어때?'라는 뜻.

10 **By doing** your own coming-of-age celebration, ~.
   ▶ 「By+-ing」은 '~함으로써'란 뜻.

---

**4**

| Before Reading | (b) | 본문 p.74 |
| Getting the BIG PICTURE | 01 (a)  02 (b)  03 (b)  04 ⑤ | |
| Focusing on DETAILS | 05 ⑤  06 (a) | |

## 해설 & 해석

### Before Reading

지문의 처음 세 문장을 읽어보세요.
아마도 이 지문은 '(b) 꿈을 연구하는 것'에 관한 내용일 것이다.
(a) 어린 시절의 꿈  (b) 꿈을 연구하는 것

### Getting the BIG PICTURE

당신은 당신 꿈을 연구할 수 있고 당신의 마음속 가장 깊이 숨겨진 비밀을
01 (a) 드러낼 수 있다.
(a) 드러내다  (b) 보호하다  (c) 가지다
일기장에 당신 꿈에 나왔던 기억할 수 있는 모든 것들을 02 (b) 적어라.
(a) 바꿔라
(b) 적어라

(c) 다른 사람들에게 말하라
각 꿈들의 있을 수 있는 03 (b) 의미들에 대해 곰곰이 생각해보라.
(a) 결과들  (b) 의미들  (c) 위험들
이 방법을 사용해서 당신 자신에 대한 새로운 것들을 발견하라.

04 지문에 가장 적절한 제목을 고르는 문제이다. 꿈에 대한 일기를 쓰면서,
   자신의 내면에 대해 많은 것을 알게 된다는 내용이다. 따라서 정답은
   ⑤.
   ① 꿈 연구의 역사
   ② 당신을 행복하게 해주는 꿈
   ③ 훌륭한 작가가 되겠다는 꿈
   ④ 꿈을 꾸는 것과 건강의 관계
   ⑤ 꿈을 통해 당신 자신을 이해하기

## Focusing on DETAILS

05 빈칸에 가장 적절한 말을 고르는 문제이다. 빈칸 앞부분에서 꿈에 대한 기록을 보며 그 의미를 생각해보라고 한 다음, 날아다니는 꿈과 떨어지는 꿈의 의미를 설명하고 있다. 뒤 내용은 앞 내용에 대한 구체적인 '예시'이므로 정답은 ⑤.

06 빈칸을 완성하는 문제이다. 빈칸 앞을 보면 '당신이 자신감이 있으면~'이라 말하고 있다. 종속절과 주절이 대조 없이 순조롭게 이어져야 한다. 따라서 정답은 (a).

(a) 어떤 것을 잘할 수 있다고 확신하다

(b) 안 좋은 어떤 일이 일어날지도 모른다고 생각하기 때문에 걱정하다

## 직독직해

¹Have you ever dreamed about / flying over your house / or falling
당신은 꿈을 꾼 적이 있습니까   집 위를 날아다니거나

from a very high place? ²Did you wonder // what it could mean?
매우 높은 곳에서 떨어지는?   당신은 궁금하셨나요   이런 것이 무엇을 의미하는지?

³Studying your dreams is an interesting trip / into the deep secrets of
꿈을 연구하는 것은 흥미로운 여행입니다   당신의 마음속 깊이 숨겨진 비밀로 들어가는.

your mind. ⁴To start the trip, / keep a dream diary. ⁵As soon as you
이 여행을 시작하려면,   꿈 일기를 쓰세요.   꿈에서 깨자마자,

wake up from your dream, // write down as many things as you can
당신이 기억할 수 있는 것들을 가능한 한 많이 적어 놓으세요.

remember. ⁶Later, read your notes // and think about the meaning of
나중에 적은 것을 읽고   각 꿈이 의미하는 바를 생각해 보세요.

each dream. ⁷For example, flying might mean //
예를 들어, 날아다니는 것은 의미할지도 모릅니다

you feel confident in your life. ⁸But falling might mean //
당신이 자신의 삶에서 자신감을 느끼고 있다는 것을.   그러나 떨어지는 것은 의미할 수도 있습니다

you feel nervous or unsure of something. ⁹By keeping a dream diary, /
당신이 무언가에 대해 초조해하거나 확신이 없다는 것을.   꿈 일기를 씀으로써,

you can find // what makes you happy, / what you're worried about, /
당신은 발견할 수 있습니다   무엇이 당신을 행복하게 하는지,   당신이 무엇을 걱정하는지,

and many other things that you never realized.
그리고 당신이 결코 깨닫지 못했던 많은 것을.

## 해석

¹당신은 집 위를 날아다니거나 매우 높은 곳에서 떨어지는 꿈을 꾼 적이 있습니까? ²당신은 이런 것이 무엇을 의미하는지 궁금하셨나요? ³꿈을 연구하는 것은 당신의 마음속 깊이 숨겨진 비밀로 들어가는 흥미로운 여행입니다. ⁴이 여행을 시작하려면, 꿈 일기를 쓰세요. ⁵꿈에서 깨자마자, 당신이 기억할 수 있는 것들을 가능한 한 많이 적어 놓으세요. ⁶나중에 적은 것을 읽고 각 꿈이 의미하는 바를 생각해 보세요. ⁷예를 들어, 날아다니는 것은 당신이 자신의 삶에서 자신감을 느끼고 있다는 것을 의미할지도 모릅니다. ⁸그러나 떨어지는 것은 당신이 무언가에 대해 초조해하거나 확신이 없다는 것을 의미할 수도 있습니다. ⁹꿈 일기를 씀으로써, 당신은 무엇이 당신을 행복하게 하는지, 당신이 무엇을 걱정하는지, 그리고 당신이 결코 깨닫지 못했던 많은 것을 발견할 수 있습니다.

## 구문해설

5 **As soon as** you wake up from your dream, write down **as *many things* as you can** remember.

▶ as soon as는 '~하자마자'란 뜻. 「as ~ as+주어+can」은 '가능한 한 ~하게'라는 뜻으로 as ~ as possible로 바꿔 쓸 수 있다.

9 ***By keeping*** a dream diary, you <u>can find</u> **what** makes you happy, **what** you're worried about, and ***many***
　　　　　　　　　　　　　　　　　V　　　　O₁　　　　　　　　　O₂

***other things*** [**that** you never realized].
　　　　　　　　O₃

▶ 「by+-ing」은 '~함으로써'란 뜻. 동사 can find에 3개의 목적어가 연결되어 있다. 첫 번째와 두 번째 목적어는 what이 이끄는 절이며, 세 번째 목적어는 many other things가 that절의 수식을 받는 형태.

---

**5**
Before Reading　　(b)　　　　　　　　　　　　　　　　　　본문 p.76
Getting the BIG PICTURE　01 (c)　02 (a)　03 (b)　04 ①
Focusing on DETAILS　　05 ⑤

### Before Reading

지문의 처음 세 문장을 읽어보세요.
아마도 이 지문은 '(b) 당신만의 특별한 공간'에 관한 내용일 것이다.
(a) 당신이 좋아하는 무엇이든 하는 것  (b) 당신만의 특별한 공간

### Getting the BIG PICTURE

당신만의 특별한 공간은 많은 용도를 01 (c) 수행할 수 있다.
(a) 부족하다  (b) 주다  (c) 수행할 수 있다
목적 1. 당신은 그곳에서 당신이 원하는 무엇이든 02 (a) 혼자서 할 수 있다.
　　　　(a) 혼자서  (b) 밖에서  (c) 안전하게
목적 2. 그곳은 당신의 마음을 맑게 하는 데 도움을 줄 것이다.
목적 3. 그곳은 평화롭고 행복한 공간이다.
　　　　당신의 특별한 공간은 어디든 될 수 있고, 어떤 모습이든 될 수 있다.
그곳엔 03 (b) 규칙들도 없고 많은 돈도 필요가 없다.

(a) 장소들  (b) 규칙들  (c) 선택권들
당신이 혼자 있고 싶을 때 갈 수 있는 특별한 공간을 가져야 한다.

04 지문에 가장 적절한 주제를 고르는 문제이다. 필자는 특별한 공간의 중요한 기능들을 말하고 있으며, 특별한 공간이 되기 위한 방법들을 말하고 있다. 따라서 정답은 ①.
① 왜 그리고 어떻게 당신만의 특별한 공간을 만드는지
② 당신만의 특별한 공간을 만들기 위한 규칙들
③ 당신의 특별한 공부하는 공간을 고르는 것
④ 당신의 방을 깨끗하고 깔끔하게 만드는 간단한 방법들
⑤ 공간을 낮은 가격에 만드는 방법

### Focusing on DETAILS

05 자신만의 특별한 공간이 어떤 모습인지는 중요하지 않다(It doesn't matter what it looks like, either.)고 했으며, '공간이 넓을수록 좋다.'는 언급은 없으므로 정답은 ⑤.

---

## 직독직해

¹Having your own special place / can serve many important functions.
당신만의 특별한 공간을 갖는 것은　　　　여러 중요한 기능을 담당한다.

²There, you can be alone / to think, draw, write, or do anything you
거기서 당신은 혼자 있을 수 있다　　　생각하거나 그림을 그리거나 글을 쓰거나 당신이 좋아하는 것은 무엇이든 하면서.

like. ³It's where you can go / to clear your mind and be still. ⁴More
그곳은 당신이 가는 곳이다　　　마음을 깨끗이 하고, 조용히 있으려고.

important is // that your special place means peace and happiness.
더 중요한 것은　　　당신의 특별한 공간이 평화와 행복을 뜻한다는 것이다.

⁵Many people want their own special place // but think they can't have
많은 사람들이 자신만의 특별한 공간을 원하지만,　　　그런 공간을 가질 수 없다고 생각한다

one // because they don't have enough money. ⁶But your place can
충분한 돈이 없어서.　　　그러나 당신의 그 공간은

simply be a corner of a room, or part of an attic. ⁷It can even be
단지 방의 한 구석이나 다락방의 한 공간이어도 된다.　　　심지어 야외의 어떤 곳이어도 된다

somewhere outside. ⁸There are no rules for a special place, // such as
특별한 공간에는 규칙이 없다

how often you visit // or what you do there. ⁹It doesn't matter // what it
얼마나 자주 방문해야 하는지,　　혹은 거기서 무엇을 해야 하는지와 같은.　　(~은) 중요하지 않다

looks like, either. ¹⁰It can be neat and clean / or full of old things;
그 공간이 어떤 모습인지 또한.　　그 공간은 깔끔하고 깨끗하거나　　또는 오래된 물건으로 가득 차 있어도 된다.

it's your choice. ¹¹The only important thing is // that you have a place
그것은 당신의 선택에 달렸다.　　오직 중요한 건,　　갈 수 있는 공간을 갖고 있다는 것이다

to go // when you need to be alone.
당신이 혼자 있고 싶을 때.

---

## 해석

¹당신만의 특별한 공간을 갖는 것은 여러 중요한 기능을 담당한다. ²거기서 당신은 생각하거나 그림을 그리거나 글을 쓰거나 당신이 좋아하는 것은 무엇이든 하면서 혼자 있을 수 있다. ³그곳은 당신이 마음을 깨끗이 하고, 조용히 있으려고 가는 곳이다. ⁴더 중요한 것은 당신의 특별한 공간이 평화와 행복을 뜻한다는 것이다. ⁵많은 사람들이 자신만의 특별한 공간을 원하지만, 충분한 돈이 없어서 그런 공간을 가질 수 없다고 생각한다. ⁶그러나 당신의 그 공간은 단지 방의 한 구석이나 다락방의 한 공간이어도 된다. ⁷심지어 야외의 어떤 곳이어도 된다. ⁸특별한 공간에는 얼마나 자주 방문해야 하는지, 혹은 거기서 무엇을 해야 하는지와 같은 규칙이 없다. ⁹그 공간이 어떤 모습인지 또한 중요하지 않다. ¹⁰그 공간은 깔끔하고 깨끗하거나 또는 오래된 물건으로 가득 차 있어도 된다. 그것은 당신의 선택에 달렸다. ¹¹오직 중요한 건, 당신이 혼자 있고 싶을 때 갈 수 있는 공간을 갖고 있다는 것이다.

**4** <u>More important</u> <u>is that</u> your special place means peace and happiness.
    ‌   ‌   ‌   C   ‌   ‌   V   ‌   ‌   ‌   ‌   ‌   ‌   ‌   ‌   ‌   ‌   ‌   ‌   ‌   ‌   ‌   ‌   S

▶ 보어가 문장 앞에 위치하면서 주어와 동사의 어순이 바뀐 「C+V+S」의 구조. 주로 주어가 길어진 경우 쓰인다.

**8** There are no rules for a special place, **such as how often** you visit **or what** you do there.

▶ such as 이하가 rules for a special place를 구체적으로 설명해주고 있다. 전치사 such as에는 두 개의 의문사절(how often ~, what ~)이 or로 대등하게 이어진 구조.

**9** It does**n't** matter what it looks like, **either.**

▶ either는 '~도 또한, 역시'란 의미. 부정문(not)에서 '동의'의 표현을 나타낸다.

## Grammar & Usage

본문 p.78

| | | | | |
|---|---|---|---|---|
| **01** important | **02** Bring | **03** their | **04** is | **05** me |
| **06** × → to send | **07** ○ | **08** ○ | **09** × → that | **10** ④ |
| **11** ③ | | | | |

**01   important** | 당신만의 특별한 공간을 갖는 것은 여러 중요한 기능을 담당한다.

[해설] 문맥상 명사인 functions를 꾸며주므로 형용사인 important가 적절.

**02   Bring** | "일주일에 한 번은 자는 시간을 앞당겨라." 한 친구가 몇 주 전에 내게 이런 말을 했다.

[해설] 따옴표 문장 내에 다른 동사가 없으므로 bring이 동사가 되어야 한다. 주어 you가 생략된 명령문 형태이다.

**03   their** | 많은 사람들이 자신만의 특별한 공간을 원하지만, 그들은 충분한 돈이 없어서 그런 공간을 가질 수 없다고 생각한다.

[해설] 앞에 나온 Many people을 가리키므로 3인칭 복수 소유격인 their이 적절.

**04   is** | 꿈을 연구하는 것은 당신의 마음속 깊이 숨겨진 비밀로 들어가는 흥미로운 여행이다.

[해설] 동명사 Studying이 주어로 쓰였으므로 동사도 단수 형태가 온다.

**05   me** | 자는 시간을 앞당기는 것은 내가 바쁜 한 주를 잘 마무리할 수 있게 했다.

[해설] 수여동사 give 뒤에 직접목적어 a nice end가 온 것으로 보아 네모는 간접목적어 자리이다. 따라서 1인칭 목적격인 me가 적절.

**06   × → to send** | 미래의 자신에게 편지를 보내는 것은 멋지다.

[해설] 가주어 it 뒤에 진주어인 to부정사가 오는 표현이므로 to send가 적절.

**07   ○** | 만약 당신이 평상시보다 훨씬 일찍 불을 끈다면, 충전된 에너지로 당신이 일을 더 잘하게 될 수 있을 것이다.

[해설] 동사 help는 목적격보어로 동사원형과 to부정사 둘 다 쓸 수 있다.

**08   ○** | 만약 그가 성인식 후에 살아서 돌아오면, 그때야 그 소년은 한 남자로 인정받았다.

[해설] 문맥상 다른 사람들로부터 '인정을 받았다'는 의미이므로 수동태인 was considered는 적절.

**09   × → that** | 특별한 공간에는 규칙이 없다. 오직 중요한 건 당신이 혼자 있고 싶을 때 갈 수 있는 공간을 갖고 있다는 것이다.

[해설] 문맥상 주어인 The important thing을 보충 설명하는 보어 자리이므로 명사절을 이끄는 that이 적절.

**10   ④** | 당신은 집 위를 날아다니거나 매우 높은 곳에서 떨어지는 꿈을 꾼 적이 있습니까?

[해설] 문맥상 flying과 or로 연결된 병렬구조이므로 falling이 적절.

**11   ③** | 꿈 일기를 씀으로써, 당신은 무엇이 당신을 행복하게 하는지 발견할 수 있다.

[해설] 문맥상 동사 find의 목적어가 시작되는 자리이며 뒤에 불완전한 문장이 오므로 명사절을 이끄는 what이 적절.

# Personal Experiences

| ❶ | ❷ | ❸ | ❹ | ❺ |
|---|---|---|---|---|
| 01. a | 01. c | 01. b | 01. b | 01. e |
| 02. e | 02. d | 02. c | 02. d | 02. a |
| 03. c | 03. b | 03. d | 03. a | 03. f |
| 04. g | 04. f | 04. e | 04. e | 04. g |
| 05. f | 05. a | 05. a | 05. g | 05. c |
| 06. b | 06. e | | 06. c | 06. d |
| 07. d | | | 07. f | 07. b |

**1**

Getting the BIG PICTURE 　　01 (c) − (b) − (a)　02 ②　　　　　　　　　　　　　　본문 p.82

Focusing on DETAILS 　　　03 ③　　04 HAY HOLIDAY

## 해설 & 해석

### Getting the BIG PICTURE

01 첫 번째 문단에서 크리스마스 파티 사인을 위한 글자를 만들어야 한다
　 는 과제 내용이 나오고((c)), 주인공이 과제를 하는 것을 잊어버리고 있
　 다가 끝내지 못한 내용이 (b)에서 이어진다. 마지막에 (a) 주인공이 이 일
　 을 통해 일과표를 짜는 방법으로 시간을 더 잘 사용하게 되었다는 내
　 용으로 끝나므로 정답은 (c) − (b) − (a).
　 (a) 나는 일과표를 짜는 방법으로 시간을 더 잘 계획하는 것을 배웠다.
　 (b) 나는 그것을 하기로 한 계획을 잊어버렸고, 끝마칠 수 없었다.
　 (c) 나의 과제는 크리스마스 파티를 알리는 글자를 만드는 것이었다.

02 글쓴이의 요지는 미리 계획을 잘 세운 후에 그것을 잘 실천함으로써 시
　 간 관리를 잘해야 한다는 내용이므로 정답은 ②.
　 ① 부모님이 말씀하실 때는 부모님 말씀을 들어라.
　 ② 미리 계획을 세우고 그 계획을 실천에 옮겨라.
　 ③ 애완동물을 돌보는 것은 큰 책무이다.

④ 그 어떤 것도 충분한 잠을 자는 것보다 더 중요하지 않다.

⑤ 최고의 파티는 잘 계획된 파티이다.

### Focusing on DETAILS

03 주드의 엄마가 주드와 진지하게 하려던 얘기는 시간 관리에 관한 것이
　 므로 정답은 ③.
　 ① 학교생활
　 ② 시험 성적
　 ③ 시간 관리
　 ④ 널 위해 애완 고양이를 사는 것
　 ⑤ 겨울 방학 숙제

04 주인공은 'HAPPY HOLIDAYS'에서 두 개의 P와 하나의 S를 맡았는
　 데, 글자를 학교에 가져가지 못했으므로 정답은 'HAY HOLIDAY'.

## 직독직해

¹Before Christmas, / our teacher gave everyone a job to do for homework.
　크리스마스 전에,　　　　　　　　선생님께서 우리 모두에게 각자 할 일을 숙제로 내주셨다.

²My job was to make two 'P's and an 'S' / for our Christmas party's sign,
　내가 할 일은 두 개의 P와 하나의 S를 만드는 것이었다　　　　크리스마스 파티를 알리는 글자 장식인

HAPPY HOLIDAYS. ³I planned to make the letters // as soon as I got
　HAPPY HOLIDAYS에 붙일.　　　　　나는 글자를 만들 계획이었다　　　집에 오자마자.

## 해석

¹크리스마스 전에, 선생님께서 우리 모두에게
각자 할 일을 숙제로 내주셨다. ²내가 할 일은
크리스마스 파티를 알리는 글자 장식인 HAPPY
HOLIDAYS에 붙일 두 개의 P와 하나의 S를 만
드는 것이었다.

home. ⁴But my friend Oscar came by. ⁵We had so much fun playing
그러나 내 친구 오스카가 (우리 집에) 들렀다. 우리는 함께 정말 재밌게 놀았다.

together. ⁶Before I knew it, // it was dinnertime.
나도 모르는 사이에 저녁식사 시간이 되었다.

⁷Then I started my math homework. ⁸And then it was time for bed.
그런 다음 나는 수학 숙제를 시작했다. 그러자 잘 시간이 되었다.

⁹"Oh no!" I said. "I forgot to make the letters!" ¹⁰Quickly, I started
"맙소사!" "글자 만드는 걸 잊어버리고 있었어!" 재빨리 나는

work in the kitchen. ¹¹I drew two big 'P's and an 'S' on paper, //
부엌으로 가서 글자를 만들기 시작했다. 종이에 두 개의 P와 하나의 S를 크게 그려서

cut them out, // and put glue on them. ¹²I was ready to add ribbons
자르고 그 위에 풀을 발랐다. 리본과 깃털을 붙이려고 할 때.

and feathers // when Mom walked in. ¹³"Jude, tomorrow night /
엄마가 들어오셨다. "주드, 내일 밤에

we need to have a serious talk / about your time management! ¹⁴Go to
진지하게 얘기해 보자. 시간 관리에 대해서!

bed now // and finish that in the morning!" ¹⁵The next morning, //
지금은 자러 가고 숙제는 아침에 끝내렴!" 다음날 아침.

I woke up late. ¹⁶I ran to the kitchen to get my letters.
나는 늦게 일어났다. 나는 글자들을 가지러 부엌으로 달려갔다.

¹⁷"NO!" I screamed. ¹⁸My cat was covered with / paper and ribbons
"안 돼!" 나는 비명을 질렀다. 우리 집 고양이는 덮여 있었다 종이와 리본과 깃털로.

and feathers. ¹⁹He must have played / in the wet glue. ²⁰I had to go to
고양이는 놀았던 게 틀림없다 덜 마른 풀 위에서.

school without my letters. ²¹The sign at the party that day /
나는 글자를 학교에 가지고 가지 못했다. 그날 파티에서 글자 장식은

said HAY HOLIDAY.
HAY HOLIDAY라고 쓰여 있었다.

²²That night, / Mom and I had our talk. ²³Then she helped me to make
그날 밤. 엄마와 나는 얘기를 했다. 그리고 나서 엄마는 내가 일과표를 짜는 것을 도와주셨다.

a daily schedule. ²⁴I'm much better with my time now.
나는 지금 시간을 훨씬 더 잘 사용하게 되었다.

²⁵If you have the same problem, // try a schedule!
만약 당신이 같은 문제를 가지고 있다면. 일과표를 짜보아라!

³나는 집에 오자마자 글자를 만들 계획이었다. ⁴그러나 내 친구 오스카가 우리 집에 들렀다. ⁵우리는 함께 정말 재밌게 놀았다. ⁶나도 모르는 사이에 저녁식사 시간이 되었다. ⁷그런 다음 나는 수학 숙제를 시작했다. ⁸그러자 잘 시간이 되었다.

⁹"맙소사! 글자 만드는 걸 잊어버리고 있었어!" ¹⁰나는 재빨리 부엌으로 가서 글자를 만들기 시작했다. ¹¹종이에 두 개의 P와 하나의 S를 크게 그려서 자르고 그 위에 풀을 발랐다. ¹²리본과 깃털을 붙이려고 할 때, 엄마가 들어오셨다.

¹³"주드, 내일 밤에 시간 관리에 대해서 진지하게 얘기해 보자! ¹⁴지금은 자러 가고 숙제는 아침에 끝내렴!"

¹⁵다음날 아침, 나는 늦게 일어났다. ¹⁶나는 글자들을 가지러 부엌으로 달려갔다. ¹⁷"안돼!" 나는 비명을 질렀다. ¹⁸우리 집 고양이는 종이와 리본과 깃털로 덮여 있었다. ¹⁹고양이는 덜 마른 풀 위에서 놀았던 게 틀림없다.

²⁰나는 글자를 학교에 가지고 가지 못했다. ²¹그날 파티에서 글자 장식은 HAY HOLIDAY라고 쓰여 있었다.

²²그날 밤, 엄마와 나는 얘기를 했다. ²³그리고 나서 엄마는 내가 일과표를 짜는 것을 도와주셨다. ²⁴나는 지금 시간을 훨씬 더 잘 사용하게 되었다. ²⁵만약 당신이 같은 문제를 가지고 있다면, 일과표를 짜보아라!

## 구문해설

9 **"Oh no!" I said. "I forgot to make the letters!"**
▶ 「forget to+동사원형」은 '(미래에) ~할 것을 잊다'라는 뜻.
*cf.* 「forget+-ing」: '(과거에) ~했던 것을 잊다' e.g. Did you **forget putting** your bag on the sofa? (가방을 소파에 놔뒀던 것을 잊었니?)

11 **I drew two big 'P's and an 'S' on paper, cut them out, and put glue on them.**
▶ 3개의 동사구(drew ~, cut ~, put ~)가 and로 대등하게 연결되어 있다. and, but 등으로 연결되는 어구는 문법적 성격이 같아야 한다. 여기서 cut, put은 동사의 과거형.

19 **He must have played in the wet glue.**
▶ 「must have p.p.(과거분사)」는 '(과거에) ~했음이 틀림없다'라는 뜻.

## 2 Getting the BIG PICTURE   01 (b) – (c) – (a)   02 ②
## Focusing on DETAILS   03 고양이 밥그릇을 내 방에 두는 것   04 ②

## 해설 & 해석

### Getting the BIG PICTURE

01 주인공이 학교에 잠옷 바지를 입고 갔다는 내용이 먼저 나오고((b)), 알람시계가 효과가 없어 주인공이 항상 학교에 지각한다는 내용이 (c)에서 이어진다. 이에 대한 해결책으로 그가 키우는 고양이를 방으로 옮겨서 울음소리로 깨우게 했다는 내용의 (a)가 나오므로 정답은 (b) – (c) – (a).
(a) 나는 내 고양이가 아침마다 날 깨울 수 있도록 고양이를 방으로 데려갔다.
(b) 나는 잠옷 바지를 입은 채로 학교에 또 지각했다.
(c) 나는 알람시계가 날 깨우지 못해서 항상 학교에 지각했다.

02 주인공이 애완용 고양이 루스터의 울음소리를 알람시계로 이용해 아침에 지각하지 않게 되었다는 내용의 글이므로 정답은 ②.
① 새로운 목표를 세우는 데는 나이가 없다
② 루스터: 현존하는 최고의 알람시계
③ 항상 적절한 옷을 입어라
④ 배고픈 고양이는 먹이를 줘야 한다
⑤ 질투하는 친구에 대처하는 방법

### Focusing on DETAILS

03 '애완용 수탉(a pet rooster)'이란 말을 듣고 주인공이 떠올린 아이디어는 루스터라는 이름의 애완 고양이의 밥그릇을 자신의 방으로 옮겨 고양이 울음소리를 알람시계 삼아 일찍 일어나는 것을 가리킨다.

04 빈칸 앞에서는 엄마가 일어나서 먹이를 줄 때까지 고양이가 운다고 했고, 빈칸 뒤에서는 이러한 고양이를 주인공의 방으로 옮기는 것을 엄마가 매우 좋아했다고 했다. 앞과 뒤의 내용이 인과관계를 나타내므로 정답은 ② 'So'.
① 다시 말해서 ② 그래서 ③ 예를 들어 ④ 게다가 ⑤ 하지만

### 직독직해

¹"I like what you're wearing today!" // said Nicky.  ²I had arrived late
난 네가 오늘 입은 게 맘에 들어!" 니키가 말했다. 난 오늘 학교에 또 지각했다.

to school again. ³"Can I borrow your pajama fashion idea?" // Richard
나도 네 잠옷 패션을 따라 해도 될까?" 리처드가 말했다.

asked. "It's so cool!" ⁴I looked down. ⁵I was still dressed in my pajama
"아주 멋진데!" 난 아래를 내려다보았다. 나는 잠옷 바지를 아직도 입고 있었던 것이다.

pants. ⁶How embarrassing! ⁷"You need an alarm clock,"// said Richard.
얼마나 창피한지! "넌 알람시계가 필요해." 리처드가 말했다.

"⁸Alarm clocks don't work for me! ⁹I turn them off // and fall back to
알람시계는 나한테 효과가 없어! 난 시계를 끄고 다시 또 자니까 말이야."

sleep again." ¹⁰"Then, I know what you need," // said Nicky. ¹¹"A pet
"그렇다면, 난 네가 필요한 것을 알고 있어." 니키가 말했다. "애완용 수탉!"

rooster!" Everybody laughed. ¹²But Nicky's funny idea gave me an idea
모두가 웃었다. 그러나 니키의 재미난 생각은 나만의 아이디어를 생각나게 해줬다.

of my own. ¹³You see, / my family doesn't have a rooster. ¹⁴But we do
물론, 우리 집에 수탉은 없다. 그러나 루스

have a very noisy cat / named Rooster! ¹⁵Rooster used to wake Mom
그러나 매우 시끄러운 고양이 한 마리는 있다 루스터라는 이름의! 루스터는 매일 아침 일찍 엄마를 깨웠다

early every morning, / meowing as loudly as he could. ¹⁶He didn't stop //
야옹하고 크게 울면서. 루스터는 (울음을) 멈추지 않았다

until Mom got out of bed and fed him. ¹⁷So, Mom loved my idea:
엄마가 일어나서 먹이를 줄 때까지. 그래서 엄마는 내 아이디어를 매우 좋아하셨다

I would move Rooster's food bowl into my bedroom.
루스터의 밥그릇을 내 방으로 옮겨 놓겠다는.

### 해석

¹"난 네가 오늘 입은 게 맘에 들어!" 니키가 말했다. ²난 오늘 학교에 또 지각했다. ³"나도 네 잠옷 패션을 따라 해도 될까?" 리처드가 말했다. "아주 멋진데!" ⁴난 아래를 내려다보았다. ⁵나는 잠옷 바지를 아직도 입고 있었던 것이다. ⁶얼마나 창피한지! ⁷"넌 알람시계가 필요해." 리처드가 말했다. ⁸"알람시계는 나한테 효과가 없어! ⁹난 시계를 끄고 다시 또 자니까 말이야." ¹⁰"그렇다면, 난 네가 필요한 것을 알고 있어." 니키가 말했다. ¹¹"애완용 수탉!" 모두가 웃었다. ¹²그러나 니키의 재미난 생각은 나만의 아이디어를 생각나게 해줬다.

¹³물론, 우리 집에 수탉은 없다. ¹⁴그러나 루스터라는 이름의 매우 시끄러운 고양이 한 마리는 있다! ¹⁵루스터는 매일 아침 일찍 야옹하고 크게 울면서 엄마를 깨웠다. ¹⁶엄마가 일어나서 먹이를 줄 때까지 루스터는 (울음을) 멈추지 않았다. ¹⁷그래서 엄마는 루스터의 밥그릇을 내 방으로 옮겨 놓겠다는 내 아이디어를 매우 좋아하셨다.

¹⁸이 방법은 확실히 효과가 있었다! ¹⁹매일 아침, 내가 일어나 먹이를 줄 때까지, 루스터는 내 침대 위로 올라와서는 울면서 내 얼굴 위를 걸

<sup>18</sup>The trick worked perfectly! <sup>19</sup>Every morning, Rooster jumps on my
　　　　　이 방법은 확실히 효과가 있었다!　　　　　　　매일 아침, 루스터는 내 침대 위로 올라와서는

bed // and doesn't stop meowing and walking on my face //
　　　　울면서 내 얼굴 위를 걸어 다니는 것을 멈추지 않는다

until I get up and feed him. <sup>20</sup>Now Rooster is happy, Mom is too, //
내가 일어나 먹이를 줄 때까지.　　　　이제 루스터는 행복하고,　　　엄마도 행복하고,

and I'm never late!
난 절대 지각하지 않는다!

어 다니는 것을 멈추지 않는다. <sup>20</sup>이제 루스터
는 행복하고, 엄마도 행복하고, 난 절대 지각하
지 않는다!

---

## 구문해설

**14** But we *do* have a very noisy cat [**named** Rooster]!

▶ 이때의 do는 동사 have의 의미를 강조. named Rooster가 앞의 a very noisy cat을 꾸며주고 있다.

**15** Rooster **used to wake** Mom early every morning, **meowing** *as* loudly *as he could*.

▶ 「used to+동사원형」은 '~하곤 했다'란 뜻으로 과거의 습관을 나타낸다. meowing 이하는 '~ 울면서'로 해석한다. 「as ~ as+주어+can[could]」은 '가능한 한 ~하게'란 뜻.

**19** ~, Rooster jumps on my bed and doesn't **stop meowing and walking** on my face ~.

▶ 「stop+-ing」는 '~하는 것을 멈추다'의 뜻.

*cf.* 「stop+to부정사」: ~하기 위해 (하던 일을) 멈추다

e.g. We **stopped to take** a break. (우리는 쉬기 위해 하던 일을 멈췄다.)

---

**3** Getting the BIG PICTURE　　01 (a) – (c) – (b)　02 ④　　　　　　　　　本文 p.86
　　Focusing on DETAILS　　　03 ⓐ: (c) ⓑ: (b)　04 different

---

## 해설 & 해석

### Getting the BIG PICTURE

01 (a) 초반부에 중학교 때 한 친구와 싸웠던 이야기를 한다는 소개가 나오고, 그 싸운 친구와의 갈등에 관한 이야기가 (c)에서 이어진다. 이 싸움을 통해 선생님께 서로 관점이 다를 수 있고 꼭 옳고 그름이 있는 것은 아니라는 교훈을 얻게 되었다는 내용 (b)로 마무리되므로 정답은 (a) – (c) – (b).
(a) 나는 중학교 때 우리 반 친구와 싸우고 있었다.
(b) 클라크 선생님은 우리에게 모두가 관점이 다르고 옳고 그름에 관한 게 아니라는 것을 가르쳐주셨다.
(c) 우리는 싸우는 것을 멈출 수 없었고 물체의 색조차 의견을 일치하지 못했다.

02 선생님으로부터 배운 교훈은 사람마다 저만의 관점이 있을 수 있다는 것이므로 정답은 ④.
① 경험이 최고의 스승이다.

② 어려울 때 친구가 진정한 친구이다.
③ 나무는 보고 숲을 보지 못한다.
④ 모든 이야기에는 양면이 있다.
⑤ 작은 물방울이 모여 소나기를 이룬다.

### Focusing on DETAILS

03 본문의 ⓐ right는 '옳은', ⓑ right는 '오른쪽의'란 뜻.
(a) 그녀는 너의 바로 뒤에 있어.
(b) 그는 일 년 전에 오른쪽 눈의 시력을 잃었다.
(c) 난 내 생각이 옳았다는 것을 증명할 거야.
(d) 노동자의 의료적 보호에 대한 권리는 존중받아야 한다.

04 선생님이 보여준 물체는 한쪽은 검은색, 다른 한쪽은 흰색이었다. 따라서 물체 각 면의 색은 '달랐다'.

---

## 직독직해

<sup>1</sup>When I was in middle school, // I had a big fight with a boy in my
　　　중학교 때,　　　　　　　　나는 우리 반 친구인 데미안과 크게 싸웠다.

## 해석

<sup>1</sup>중학교 때, 나는 우리 반 친구인 데미안과 크
게 싸웠다. <sup>2</sup>나는 우리가 무엇 때문에 싸웠는지

class, Damien. ²I forget // what we were fighting about, // but I will
나는 잊어버렸다　우리가 무엇 때문에 싸웠는지를　하지만, 나는

never forget the lesson // I learned from my teacher that day.
그 교훈은 결코 잊지 못할 것이다　그날 선생님으로부터 배웠던.

³Mrs. Clark made Damien stand on one side of her desk // and me on
클라크 선생님은 데미안을 책상 한편에 서 있게 하셨고　다른 한편에는 나를 세우셨다.

the other. ⁴There was a large, round, black object / on her desk.
크고 둥근 검은색 물체가 있었다　선생님의 책상 위에는.

⁵She asked Damien to tell her // what color it was, // and he answered, //
선생님은 데미안에게 말하라고 하셨다　그 물체가 무슨 색인지　그리고 그는 대답했다

"It's white." ⁶I could not believe // what he said! It was clearly black!
"흰색입니다."라고.　나는 믿을 수 없었다　데미안이 말한 것을!　그것은 분명히 검은색이었다!

⁷I was sure // that I was right and he was wrong. ⁸But Damien was
나는 확신했다　내가 옳고 그가 틀리다는 것을.　그러나 데미안도 확신했다

sure // that I was wrong and he was right. ⁹We started fighting again, //
내가 틀리고 자신이 옳다는 것을.　우리는 다시 싸우기 시작했다

until Mrs. Clark told us to change places. ¹⁰So I went to Damien's side.
클라크 선생님이 우리에게 자리를 바꾸라고 말씀하실 때까지.　그래서 나는 데미안이 있는 쪽으로 갔다.

¹¹Then she asked me to tell her // what color the object was. ¹²I had to
그러자 선생님은 나에게 말하라고 하셨다　그 물체가 무슨 색인지.　나는 대답해야 했다

answer, // "It's white." ¹³The object had a different color on each side.
"흰색입니다."라고.　그 물체는 양쪽이 다른 색이었다.

¹⁴When you looked at it from the right side, // it was black. ¹⁵But when
오른쪽에서 그 물체를 바라보면,　검은색이었다.

you stood on the other side and looked at it, // it was white. ¹⁶Straight
그러나 다른 쪽에 서서 바라보면,　흰색이었다.

away I said sorry to Damien. ¹⁷I felt bad // because neither of us was
나는 즉시 데미안에게 미안하다고 말했다.　나는 미안했다　어느 누구도 옳거나 틀리지 않았기 때문에.

right or wrong.

를 잊어버렸지만, 그날 선생님으로부터 배웠던 그 교훈은 결코 잊지 못할 것이다. ³클라크 선생님은 데미안을 책상 한편에 서 있게 하셨고 다른 한편에는 나를 세우셨다. ⁴선생님의 책상 위에는 크고 둥근 검은색 물체가 있었다. ⁵선생님은 데미안에게 그 물체가 무슨 색인지 말하라고 하셨고 그는 "흰색입니다."라고 대답했다. ⁶나는 데미안이 말한 것을 믿을 수 없었다! 그것은 분명히 검은색이었다! ⁷나는 내가 옳고 그가 틀리다는 것을 확신했다. ⁸그러나 데미안도 내가 틀리고 자신이 옳다는 것을 확신했다. ⁹우리는 다시 싸우기 시작했고 클라크 선생님이 우리에게 자리를 바꾸라고 말씀하셨다. ¹⁰그래서 나는 데미안이 있는 쪽으로 갔다. ¹¹그러자 선생님은 나에게 그 물체가 무슨 색인지 말하라고 하셨다. ¹²나는 "흰색입니다."라고 대답해야 했다. ¹³그 물체는 양쪽이 다른 색이었다. ¹⁴오른쪽에서 그 물체를 바라보면, 검은색이었다. ¹⁵그러나 다른 쪽에 서서 바라보면, 흰색이었다. ¹⁶나는 즉시 데미안에게 미안하다고 말했다. ¹⁷어느 누구도 옳거나 틀리지 않았기 때문에 나는 미안했다.

## 구문해설

2　I forget **what** we were fighting about, but I will never forget the lesson [(**that**) I learned from my teacher that day].
▶ what 이하는 forget의 목적어 역할을 하며 '우리가 무엇 때문에 싸웠는지'란 뜻. that 이하는 the lesson을 꾸며주고 있다.

3　Mrs. Clark **made** *Damien* **stand** on one side of her desk and me on the other.
　　　　　　 V　　　　O　　　C
▶ 여기서 make는 '~가 …하게 하다'의 뜻으로 「make+목적어+동사원형」 구조.

17　I felt bad because **neither of us** *was* right or wrong.
▶ neither는 '둘 중 어느 것도 아닌'이란 뜻. 「neither of+명사」는 주로 단수 취급한다.

**4** Getting the BIG PICTURE　01 **(b)** – **(c)** – **(a)** – **(d)**　02 ④　　본문 p.88
Focusing on DETAILS　03 ③　04 ③

## 해설 & 해석

### Getting the BIG PICTURE

01 초반부에 길고 추운 겨울을 보내며 동물 보호소의 사정이 어려워졌다는 내용이 나오고(b), 로지와 티머시 남매가 이 사실을 알게 된다((c)). 굶주린 동물들을 위해 무엇을 할 수 있을지 고민한 끝에 그들은 생일파티에 오는 친구들에게 선물 대신 돈을 가져와 달라고 부탁한다는 내용 ((a)) 다음으로 성공적으로 동물들을 위한 기금을 모았고, 이어서 다른 단체들을 위해서도 모금 행사를 열었다는 내용 (d)가 이어지므로 정답은 (b) - (c) - (a) - (d).
(a) 그들은 친구들에게 생일파티에 생일 선물 대신에 돈을 가져와 달라고 부탁했다.
(b) 길고 혹독한 겨울은 동물 보호소를 음식이 거의 없는 상태로 만들었다.
(c) 로지와 티머시는 길 잃은 동물들을 위한 보호소가 어려움에 부닥쳐 있다는 것을 알게 됐다.
(d) 그들은 동물들을 위한 많은 돈을 모았고, 나중에는 다른 단체들을 위해서도 돈을 모았다.

02 생일 선물 대신 자신보다 어려운 사람을 돕기 위해 기금을 마련하는 좋은 일을 한 남매의 이야기이므로 정답은 ④.
① 우정은 최고의 선물이다
② 한 남매가 동물들을 위한 보호소를 짓다
③ 사업을 위한 돈을 모으는 방법
④ 선물보다 더 좋은 것은? 선행하는 것
⑤ 매일 동물들을 구하는 아힘사 목장

### Focusing on DETAILS

03 본문의 raised는 '(돈을) 모금하다'란 뜻. 따라서 정답은 ③.
① 많은 학생이 손을 들었다.
② 바트는 멕시코에서 태어나 자랐다.
③ 시각 장애인을 위한 기금을 모금하기 위해 콘서트가 열렸다.
④ 할아버지는 돼지와 닭을 키우신다.
⑤ 존은 모자를 들어 올려 그녀를 향해 미소 지었다.

04 한 남매가 굶주린 동물들을 돕고자 생일파티에서 모금을 시작했고, 친구들도 동참하게 되었다는 이야기이다. 남매가 퍼트린 생일 촛불의 온기는 곧 나누는 기쁨을 의미하므로 정답은 ③.

---

### 직독직해

¹A long cold winter / was making life very hard at the Ahimsa Ranch
길고 추운 겨울로    아힘사 목장 동물 보호소의 생활은 매우 어려웠다.

Animal Rescue. ²It had almost no food / for its hungry animals.
그 보호소에는 음식이 거의 없었다    굶주린 동물들에게 줄.

³When Rosie and Timothy Black heard the news, //
로지와 티머시 블랙이 그 소식을 들었을 때,

they were very upset. ⁴They wondered // what they could do to help.
그들은 매우 걱정했다.   그들은 고민했다    (굶주린 동물들을) 돕기 위해서 무엇을 할 수 있을지.

⁵Ten-year-old Rosie and her older brother, Timothy, / decided to turn
열 살인 로지와, 오빠 티머시는

their next birthday party into a fundraiser. ⁶Instead of gifts, /
자신의 다음번 생일파티를 모금 행사로 바꾸기로 결정했다.   (그들은) 선물 대신에,

they asked friends to bring money. ⁷Their friends didn't like the idea at
돈을 가져와 달라고 친구들에게 부탁했다.    처음에 친구들은 그 생각을 좋아하지 않았다.

first. ⁸But as soon as Rosie told them about the animals, // they changed
그러나 로지가 굶주린 동물들에 대해서 얘기를 해주자마자,    친구들은 마음을 바꿨다.

their minds. ⁹That party raised $600 for Ahimsa Ranch. ¹⁰Since then, /
그 생일파티로 아힘사 목장을 위해 600달러를 모았다.    그때 이후로,

they have raised money at other parties. ¹¹When the 2004 tsunami hit, /
로지와 티머시는 다른 파티에서도 기금을 모았다.    2004년 쓰나미가 일어났을 때,

Rosie and Timothy had another fundraiser.
로지와 티머시는 또 다른 모금 행사를 열었다.

¹²They collected $500 // and gave it to the Red Cross. ¹³The next year, /
그들은 500달러를 모아    적십자사에 기부했다.    다음 해

they raised $350 for their local Boys and Girls Club.
그들은 지역 청소년 클럽을 위한 350달러를 모았다.

### 해석

¹길고 추운 겨울로 아힘사 목장 동물 보호소의 생활은 매우 어려웠다. ²그 보호소에는 굶주린 동물들에게 줄 음식이 거의 없었다. ³로지와 티머시 블랙이 그 소식을 들었을 때, 그들은 매우 걱정했다. ⁴그들은 (굶주린 동물들을) 돕기 위해서 무엇을 할 수 있을지 고민했다. ⁵열 살인 로지와, 오빠 티머시는 자신의 다음번 생일파티를 모금 행사로 바꾸기로 결정했다. ⁶그들은 선물 대신에 돈을 가져와 달라고 친구들에게 부탁했다.

⁷처음에 친구들은 그 생각을 좋아하지 않았다. ⁸그러나 로지가 굶주린 동물들에 대해서 얘기를 해주자마자, 친구들은 마음을 바꿨다. ⁹그 생일파티로 아힘사 목장을 위해 600달러를 모았다. ¹⁰그때 이후로, 로지와 티머시는 다른 파티에서도 기금을 모았다. ¹¹2004년 쓰나미가 일어났을 때, 로지와 티머시는 또 다른 모금 행사를 열었다. ¹²그들은 500달러를 모아 적십자사에 기부했다. ¹³다음 해 그들은 지역 청소년 클럽을 위한 350달러를 모았다.

¹⁴로지와 티머시의 여러 친구들도 자신의 생일 파티를 모금 행사로 바꿨다. ¹⁵로지와 티머시는 여전히 가족들로부터 선물을 받는다. ¹⁶그러나 그들은 언제나 자신보다 어려운 사람들을 생각한다. ¹⁷로지와 티머시는 생일 촛불의 온기를 널리 퍼뜨리고 있다.

<sup>14</sup>Many of Rosie and Timothy's friends / have turned their birthday
　　　　　로지와 티머시의 여러 친구들도　　　　　　　자신의 생일파티를 모금 행사로 바꿨다.

parties into money-raising events, too. <sup>15</sup>Rosie and Timothy still get
　　　　　　　　　　　　　　　　　로지와 티머시는 여전히 가족들로부터 선물을 받는다.

presents from family members. <sup>16</sup>But they always think about / people
　　　　　　　　　　　　　　　그러나 그들은 언제나 생각한다

who don't have as much as they do. <sup>17</sup>Rosie and Timothy have spread /
　　자신보다 어려운 사람들을.　　　　　　　　　　로지와 티머시는 널리 퍼뜨리고 있다

the warmth of their birthday candles.
　　　　　생일 촛불의 온기를.

## 구문해설

1　**A long cold winter** was making *life* very hard at the Ahimsa Ranch Animal Rescue.
　　　 S　　　　　　　 V　　　　 O　　 C
　　▶ 사물이 주어일 때는 보통 주어를 부사적으로, 목적어를 주어로 해석하는 것이 자연스럽다. '길고 추운 겨울 때문에 생활이 힘들어졌다' 정도로 해석하면 된다.

16　But they always think about **people** [**who** don't have **as** *much* **as** they do].
　　▶ who 이하가 people을 꾸미고 있다. 「not as ~ as ...」는 '…만큼 ~하지 않은'이란 뜻.

---

**5** Getting the BIG PICTURE　01 (d) – (c) – (a) – (b)　02 ③　　　　　본문 p.90
　　 Focusing on DETAILS　　03 (b)　04 ②

---

## 해설 & 해석

### Getting the BIG PICTURE

01　첫 번째 문단에 샌드라가 잘못된 행동을 억누르지 못한다는 내용((d))이 나오고, 이를 해결하기 위해 그녀의 아버지는 그녀에게 통제력을 잃을 때마다 나무토막에 못을 하나씩 박으라는 지시를 하게 된다((c)). 이후에 자제력을 잃는 일이 없게 됐을 때 못을 하나씩 뽑을 수 있게 되었다는 내용((a))이 나오고 아버지에게 얻은 교훈 내용((b))이 이어지므로 정답은 (d) – (c) – (a) – (b).
　　(a) 그녀는 자신을 다스릴 수 있을 때마다 못을 하나씩 뽑도록 허락받았다.
　　(b) 다른 사람에게 준 상처는 나무토막의 구멍처럼 절대 사라지지 않을 것이다.
　　(c) 그녀의 아버지는 그녀에게 통제력을 잃을 때마다 나무토막에 못을 하나씩 박게 했다.
　　(d) 샌드라는 자신의 잘못된 행동을 조절하지 못했다.

02　필자의 요지를 묻는 문제이다. 필자의 아버지는 샌드라에게 화가 날 때마다 나무토막에 못을 박게 하고, 화를 자제할 수 있으면 못을 뽑게 했다. 하지만 못이 다 뽑히더라도 나무토막에 구멍이 남는 것처럼 다른 사람의 감정을 상하게 하면 상처가 남는다는 교훈을 얻을 수 있으므로 정답은 ③.

① 부모님을 존경해라.
② 실수에 대해 사과하라.
③ 다른 사람의 감정을 다치게 하지 마라.
④ 부모님이 집안일 하시는 것을 도와라.
⑤ 자신의 감정에 항상 솔직해라.

### Focusing on DETAILS

03　본문의 hit은 '치다, 부딪치다'란 뜻. 따라서 정답은 (b).
　　(a) 그들은 7, 80년대의 오래된 인기 가요를 많이 불렀다.
　　(b) 그는 넘어져서 바위에 머리를 부딪쳤다.
　　(c) 그녀는 그를 바라보는 동안 갑자기 어떤 생각이 떠올랐다.

04　빈칸 이후 문장에서 그녀는 마침내 자제력을 잃지 않게 되었다고 했으므로 날이 갈수록 점점 못의 개수가 줄었고, 샌드라는 착하게 행동하는 것이 점점 더 쉽게 느껴졌다는 내용이 되어야 적절. 따라서 정답은 ②.
　　① (수가) 점점 더 적은　　　점점 더 어렵다고
　　② (수가) 점점 더 적은　　　점점 더 쉽다고
　　③ (양이) 점점 더 적은　　　점점 더 좋다고
　　④ 점점 더 많은　　　　　　점점 더 어렵다고
　　⑤ 점점 더 많은　　　　　　점점 더 쉽다고

¹Once upon a time, there was a girl // who couldn't control her bad
옛날에 한 소녀가 있었다      자신의 잘못된 행동을 억누르지 못하는

behavior. ²When she got angry, // Sandra yelled and kicked, // and
샌드라는 화가 나면,      고함을 치고 발길질을 하며

screamed at everyone around her. ³Her father gave her / a hammer, a
그녀의 주변에 있는 모든 사람에게 소리를 질렀다.      그녀의 아버지는 샌드라에게 (~을) 주셨다

box of nails, and a block of wood, // and told her, // ⁴"Every time you
망치, 못 한 상자, 나무 토막을      그리고 말씀하셨다      "네가 통제력을 잃을 때마다,

lose control, // go outside and hit a nail into the wood." ⁵A few hours
밖에 나가서 이 나무토막에 못을 하나씩 박아라."      몇 시간 뒤,

later, / there were 10 nails in the wood.
나무토막에는 10개의 못이 생겼다.

⁶Sandra hit fewer and fewer nails into the wood // as days passed.
샌드라는 점점 더 적은 수의 못을 그 나무토막에 박았다      날이 갈수록.

⁷She found it easier and easier / to behave nicely. ⁸Finally, / when she
그녀는 (~이) 점점 더 쉬워지는 것을 알게 되었다      착하게 행동하는 것이.      마침내,

didn't lose control at all, // she told her dad. ⁹He said, // "That's great.
샌드라가 자제력을 전혀 잃지 않게 됐을 때,      그녀는 아버지께 말씀드렸다.      아버지가 말씀하셨다      "잘 됐구나.

Now, you can pull out one nail / for each day when you are able to
이제 못을 하나씩 뽑도록 해라      너 자신을 다스릴 수 있고 온종일 착하게 행동한 날에는."

control yourself and behave nicely all day." ¹⁰At the end of most days,
     거의 매일 저녁,

Sandra was able to pull out a nail. ¹¹But on other days, / she had to hit
샌드라는 못을 뽑을 수 있었다.      그러나 어떤 날에는,

a nail or two in again. ¹²One day, / there were no nails left in the block
못을 한 개 또는 두 개 더 박아야 했다.      어느 날,      나무토막에는 남겨진 못이 하나도 없었다.

of wood. ¹³Sandra was proud of herself. ¹⁴She showed her father the
     샌드라는 자기 자신이 자랑스러웠다.      그녀는 아버지께 그 나무토막을 보여 드렸다.

block of wood. ¹⁵Sandra's father said, / "You have done well. I am very
     샌드라의 아버지는 말씀하셨다      "잘했구나.

proud of you. ¹⁶It's great // that you can control your anger most of the
나는 네가 참 자랑스럽다.      참 기쁘구나      네가 어느 때든 화를 잘 참아낼 수 있게 되어.

time. ¹⁷But can you see the holes in the wood? ¹⁸They will always be
     그러나 이 나무토막에 생긴 구멍들이 보이니?      이 구멍들은 항상 여기에 남게 될 거란다.

there. ¹⁹When you say and do things in anger, // you cause damage to
     네가 화가 나서 말하고 행동할 때,      다른 사람에게 상처를 주는 거란다

others // just like you put holes in the wood. ²⁰You can stick a needle
네가 나무토막에 구멍을 남긴 것처럼.      너는 다른 사람의 몸에 바늘을 꽂을 수 있지.

into a person's body. ²¹You can remove the needle. ²²You can be sorry.
     바늘을 뺄 수도 있을 거야.      미안하다고 말할 수도 있겠지.

²³But the damage will still be there. ²⁴Always behave well towards
     하지만 상처는 계속 남게 될 거야.      다른 사람에게 항상 잘 해주렴, 샌드라.

others, Sandra."

---

¹옛날에 한 소녀가 있었는데, 그 소녀는 자신의 잘못된 행동을 억누르지 못했다. ²샌드라는 화가 나면, 고함을 치고 발길질을 하며, 그녀의 주변에 있는 모든 사람에게 소리를 질렀다. ³그녀의 아버지는 샌드라에게 망치, 못 한 상자, 나무 한 토막을 주셨다. 그리고 말씀하셨다. ⁴"네가 통제력을 잃을 때마다, 밖에 나가서 이 나무토막에 못을 하나씩 박아라." ⁵몇 시간 뒤, 나무토막에는 10개의 못이 생겼다.

⁶샌드라는 날이 갈수록 점점 더 적은 수의 못을 그 나무토막에 박았다. ⁷그녀는 착하게 행동하는 게 점점 더 쉬워지는 것을 알게 되었다. ⁸마침내, 샌드라가 자제력을 전혀 잃지 않게 됐을 때, 그녀는 아버지께 말씀드렸다. ⁹아버지가 말씀하셨다. "잘 됐구나. 이제 너 자신을 다스릴 수 있고 온종일 착하게 행동한 날에는 못을 하나씩 뽑도록 해라."

¹⁰거의 매일 저녁, 샌드라는 못을 뽑을 수 있었다. ¹¹그러나 어떤 날에는, 못을 한 개 또는 두 개 더 박아야 했다. ¹²어느 날, 나무토막에는 남겨진 못이 하나도 없었다. ¹³샌드라는 자기 자신이 자랑스러웠다. ¹⁴그녀는 아버지께 그 나무토막을 보여 드렸다.

¹⁵샌드라의 아버지는 말씀하셨다. "잘했구나. 나는 네가 참 자랑스럽다. ¹⁶네가 어느 때든 화를 잘 참아낼 수 있게 되어 참 기쁘구나. ¹⁷그러나 이 나무토막에 생긴 구멍들이 보이니? ¹⁸이 구멍들은 항상 여기에 남게 될 거란다. ¹⁹네가 화가 나서 말하고 행동할 때, 네가 나무토막에 구멍을 남긴 것처럼 다른 사람에게 상처를 주는 거란다. ²⁰너는 다른 사람의 몸에 바늘을 꽂을 수 있지. ²¹바늘을 뺄 수도 있을 거야. ²²미안하다고 말할 수도 있겠지. ²³하지만 상처는 계속 남게 될 거야. ²⁴항상 다른 사람에게 잘 해주렴, 샌드라."

1 Once upon a time, *there was* **a girl** [**who** couldn't control her bad behavior].

▶ who 이하는 a girl을 꾸며준다. 「there was[were] ~」 구문은 뒤에 오는 어구(a girl~)가 주어이다.

4 **Every time** you lose control, go outside and hit a nail into the wood.

▶ 「every time+S+V」는 '~할 때마다'의 뜻. whenever로 바꿔 쓸 수 있다.

6 Sandra hit **fewer and fewer** nails into the wood as days passed.

▶ 「비교급 and 비교급」 구문으로 '점점 더 ~한'이란 뜻.

7 She **found** *it easier and easier* **to behave** nicely.

▶ to behave nicely를 목적어로 해석한다. easier and easier는 보어. '~하는 것이 …하다는 것을 깨닫다'

## Grammar & Usage

본문 p.92

| 01 what | 02 stand | 03 to turn | 04 wood | 05 day |
| 06 × → have played | 07 × → named | 08 ○ | 09 × → pull | 10 ③ |
| 11 ① | | | | |

**01 what** | "난 네가 오늘 입은 게 맘에 들어!" 니키가 말했다.

해설 선행사가 없고 문장의 목적어절을 이끄는 것이므로 관계대명사 what이 적절.

**02 stand** | 데미안과 내가 크게 싸우고 난 후, 클라크 선생님은 데미안을 책상 한편에 서 있게 하셨고 다른 한편에는 나를 세우셨다.

해설 사역동사인 make가 왔으므로 목적격보어는 동사원형인 stand가 적절.

**03 to turn** | 열 살인 로지와 오빠 티머시는 자신의 다음번 생일파티를 모금 행사로 바꾸기로 결정했다.

해설 동사 decide는 to부정사만을 목적어로 취하므로 to turn이 적절.

**04 wood** | 샌드라의 아버지는 샌드라에게 망치, 못 한 상자, 나무 한 토막을 주셨다.

해설 wood는 셀 수 없는 명사이므로 -s를 붙이지 않고 단수형으로 쓴다.

**05 day** | 이제 너 자신을 다스릴 수 있는 날에는 못을 하나씩 뽑도록 해라.

해설 each 다음에는 단수 명사가 오므로 day가 적절.

**06 × → have played** | 우리 집 고양이는 종이와 리본과 깃털로 덮여 있었다. 고양이는 덜 마른 풀 위에서 놀았던 게 틀림없다.

해설 문맥상 앞의 문장보다 더 먼저 일어난 일을 나타내므로 과거의 일에 대한 강한 추측을 나타내는 「must have+p.p.」 형태가 적절.

**07 × → named** | 나의 가족은 수탉을 갖고 있지 않다. 우리는 루스터라는 이름의 매우 시끄러운 고양이 한 마리가 있다.

해설 이름이 '붙여졌다'는 의미로 cat과 name의 관계는 수동이므로 과거분사 named가 적절.

**08 ○** | 나는 어느 누구도 옳거나 틀리지 않기 때문에 미안했다.

해설 「neither of+복수 명사」는 '~의 어느 쪽도 아니다'의 의미로 단수로 취급하므로 was는 올바르다.

**09 × → pull** | 거의 매일 저녁, 샌드라는 못을 뽑을 수 있었다.

해설 '~할 수 있다'를 나타내는 be able to 다음에는 동사원형이 온다.

**10 ③** | •"그렇다면, 난 네가 필요한 것을 알고 있어." 니키가 말했다.
•클라크 선생님은 데미안에게 그 물체가 무슨 색인지 말하라고 하셨다.

해설 첫 번째 문장은 선행사가 없고, 문장의 목적어절을 이끄는 것으로 보아 관계대명사 what이 적절. 두 번째 문장은 '무엇'의 의미를 나타내는 의문사 what이 적절.

**11 ①** | •나는 내가 옳고 그가 틀리다는 것을 확신했다.
•네가 어느 때든 화를 잘 참아낼 수 있게 되어 참 기쁘구나.

해설 첫 번째 문장은 목적어 자리의 명사절을 이끄는 접속사 that이 적절. be sure that은 '~을 확신하다'의 의미. 두 번째 문장은 문맥상 가주어 it이 쓰였으므로 진주어절을 이끄는 that이 적절.

# READING **PLATFORM**

**리딩 플랫폼 1** / Intro

**리딩 플랫폼 2** / 패턴편

**리딩 플랫폼 3** / 테마편

**리딩 플랫폼**
시리즈

01 독해 집중력을 키워주는 Pre-reading activity(읽기 전 활동)
02 글의 주제 파악 능력을 자연스럽게 길러주는 단계적 요약 문제
03 주제, 요지를 비롯한 수능형, 내신 서술형, 어휘 문제 총망라
04 모든 문장에 대한 직독직해를 실은 자세하고 친절한 해설
05 모르는 어휘 의미 짐작법, 읽기를 도와주는 각종 Tip, 재미난 배경지식

지문MP3·어휘리스트·어휘테스트·어휘출제프로그램 다운로드
# www.cedubook.com

# 쎄듀교재맵

**종합** (문법·어법·구문·독해·어휘)
- 쎄듀 종합영어 (Lv. 6)

**구문**
- 초등코치 천일문 Sentence 1, 2, 3, 4, 5 (Lv. 1)
- 천일문 입문 (Lv. 4~5)
- 천일문 기본 / 천일문 기본 문제집 (Lv. 6~7)
- 천일문 핵심 (Lv. 8)
- 천일문 완성 (Lv. 9~10)

**구문·독해**
- 구문현답 (Lv. 7~8)

**구문·어법**
- PLAN A 〈구문·어법〉 (Lv. 6~7)

**구문·문법**
- 천일문 기초1 (Lv. 4)
- 천일문 기초2 (Lv. 5)

**어휘**
- 초등코치 천일문 Voca & Story 1, 2 (Lv. 1)
- 어휘끝 중학 START (Lv. 3)
- 어휘끝 중학 필수 (Lv. 4)
- 어휘끝 중학 MASTER (Lv. 5)
- 어휘끝 고교기본 (Lv. 6~8)
- 어휘끝 수능 (Lv. 9~10)
- 첫단추 VOCA (Lv. 6~8)
- PLAN A 〈어휘〉 (Lv. 6~7)
- EBS연계 수·고·들 단어장 (Lv. 8~10)

**문법**
- 초등코치 천일문 Grammar 1, 2, 3 (Lv. 1)
- Grammar Q 1A / 1B (Lv. 3)
- Grammar Q 2A / 2B (Lv. 4)
- Grammar Q 3A / 3B (Lv. 5~6)
- 1센치 영문법 (Lv. 5~6)
- 문법의 골든룰 101 (Lv. 7~8)

**문법(내신)**
- Grammar Line LOCAL 1 (Lv. 3)
- Grammar Line LOCAL 2 (Lv. 4)
- Grammar Line LOCAL 3 (Lv. 5)

**문법·어법**
- 첫단추 BASIC 문법·어법편 1, 2 (Lv. 4~5)
- 첫단추 모의고사 문법·어법편 (Lv. 6~7)

**어법**
- 어법끝 START 2.0 / 어법끝 START 실력다지기 (Lv. 7~8)
- 어법끝 5.0 (Lv. 9~10)

**어법·어휘**
- 파워업 어법·어휘 모의고사 (Lv. 9~10)

**작문**
- 중학영어 쓰작 1 (Lv. 3)
- 중학영어 쓰작 2 (Lv. 4)
- 중학영어 쓰작 3 (Lv. 5)

**독해**
- 리딩 플랫폼 1, 2, 3 (Lv. 2~3)
- Reading 16 LEVEL 1 (Lv. 3)
- Reading 16 LEVEL 2 (Lv. 4)
- Reading 16 LEVEL 3 (Lv. 5)
- PLAN A 〈독해〉 (Lv. 6~7)
- 첫단추 BASIC 독해편 1, 2 (Lv. 4~5)
- 첫단추 모의고사 독해유형편 (Lv. 6~7)
- 유형즉답 (Lv. 8)
- 리딩 플레이어 개념 (Lv. 8)
- 리딩 플레이어 적용 (Lv. 9)
- 빈칸백서 기본편 (Lv. 7~8)
- 빈칸백서 (Lv. 9~10)
- 오답백서 (Lv. 9~10)
- 쎈쓰업 독해 모의고사 (Lv. 7~8)
- 파워업 독해 모의고사 (Lv. 9~10)
- EBS비연계 수능실감 SEMI FINAL (Lv. 9)
- EBS연계 수능실감 FINAL (Lv. 10)

**듣기**
- 쎄듀 빠르게 중학영어듣기 모의고사 1 (Lv. 3)
- 쎄듀 빠르게 중학영어듣기 모의고사 2 (Lv. 4)
- 쎄듀 빠르게 중학영어듣기 모의고사 3 (Lv. 5)
- 첫단추 모의고사 듣기유형편 (Lv. 6~7)
- 쎈쓰업 듣기 모의고사 (Lv. 8)
- 파워업 듣기 모의고사 (Lv. 9~10)

**봉투 모의**
- EBS연계 수능실감 봉투 (Lv. 10)

* 교재 선택 시 권장 학년과 레벨을 참고하세요. / 예비 고1부터는 난도와 학년별 성취도를 반영하여 교재 레벨을 세분화하였습니다.

500 SENTENCES Intro

# 중등 구문을 단 한 권으로!

## 500개의 기초 영어문장으로 구문학습을 가장 쉽게 시작하는 방법

구문 학습을 처음
접하는 중학생을 위한
**시작 교재**

구문 학습의 기초가 되는
모든 필수사항
**500개 문장에 압축**

세세한 문법 사항 제외,
꼭 필요한
**문법 설명** 강조

천일문 <기본>편과
연계되는 목차로
**효율적인 후속학습** 가능

강남구청
인터넷 수능방송
강의 교재

| 이해 | ■ 학습 포인트 이해<br>■ 대표 예문 끊어 읽기 | > | 암기 | ■ 나머지 예문 학습<br>■ 천일비급 | > | 확인 | ■ 학습 내용 체크<br>■ 반복 학습 |

12년
연속 베스트셀러

270만부
누적판매!

**<천일문 입문 Intro>의**
**후속 학습에 효율적인**
**천일문 시리즈**

**천일문 기본 Basic**  **천일문 핵심 Essential**  **천일문 완성 Master**

쎄듀북닷컴(www.cedubook.com)에서 부가 자료를 무료로 다운로드할 수 있습니다.

CEDU
BOOK 쎄듀